朝日新書
Asahi Shinsho 812

女軍の日本史

卑弥呼・巴御前から会津婦女隊まで

長尾　剛

朝日新聞出版

はじめに

我が国には古代から「女軍」という言葉がある。

発音としては「めいくさ」または「めのいくさ」と読む。

これこそ、女武者をはじめとしたさまざまな「女の戦士」を表す言葉なのだ。我が国では、女軍という「戦う女性」が、古くから一般的に存在していたのだ。

我が国の女性は、伝統的に本来、戦いの中で「ただ待つだけの存在」ではなかったのだ。

だが、現代人にとって、女軍の存在は意外かも知れない。

女が武器を携えて戦ったなんて、そんなバカな――と。

戦士とは、男のみが担う役目でないか――と。

そうした認識が、こんにちに至るまで、ほぼ一般的である。

ところが、我が国の古代においては、その認識は誤っている。「戦争という行為」は、男性の〝専売特許〟ではなかったのである。

豪族間の戦争は、男も女も同様に参加した。

すなわち、である。

女軍は、日本人が「戦争という文明行為」を知った時から、すでに存在していたのだ。

だから、戦う女性という観点から日本史を読み直すと、私たち現代人にとって、この国の新たな姿がまた見えてくる。


以下、本書では、まず女武者に結実される「女軍」がこの国でどう記録されてきたかを見ていき、そして、さらに日本史に名を残した女軍たちを、具体的に順を追って紹介していこう。


彼女たちは決して、唐突に歴史に現れたものではない。我が国独特の「男性と同格の立場で戦った古代の女性」という根幹の精神風土から、その派生として登場してきた女性群。

まさしく「日本人の伝統精神」から生まれた、戦う女性たちである。

すなわち、これから紹介していく女軍は、数多《あまた》の女軍たちの代表ないし典型例として、捉えていくべきである。

なお、これから紹介する女軍たちのドラマは、読者の方々に、より楽しんでいただくため、あえて一部を小説風に脚色して述べていく。とは言え無論、事象や人名は、諸説あるものを含め、歴史的事実に則《のっと》ったものである。

写真／
©Science Source/amanaimages（p.7）
©Alamy Stock Photo/amanaimages（p.43）
©CAPSULE CORP./amanaimages（p.69）
©共同通信社/amanaimages(p.89)
朝日新聞社

女武者の日本史　目次

卑弥呼・巴御前から会津婦女隊まで

義経軍・畠山重忠の追討を受ける巴御前（作者不詳・1888年）

序　章——女軍《めいくさ》という存在

「女軍としての面」を持っていた天照大神《あまてらすおおみかみ》

我が国において、公式の史書として初めてまとめられたのが、奈良時代に編纂された『日本書紀』である。

この書は巻一と巻二が「神代」つまり神々が日本列島を創り統治したという神話でまとめられ、巻三から初代の「神武天皇」以下の歴代天皇について記している。最後の記述を飾っているのは、女性天皇の「持統天皇（第四一代）」である。

ちなみに、持統天皇は、もとは先代の「天武天皇《てんむ》」の皇后で、天武天皇の死後に皇位に即《つ》き、実際に政務の最前線に立って大いに活躍した。温和でありながら敏腕で、人々から高い尊敬を集めた。

そして、この巻一「神代・上」には、「意外にも」と言うべきか「当然のごとく」と言うべきか、なんと、天皇家の祖先神である天照大神が、女軍として描かれているのだ。

天照大神は、天界である「高天原《たかまのはら》」を統べる主宰神である。で、その弟が、かのヤマタノオロチ退治で有名な須佐之男命《すさのおのみこと》だ。

この須佐之男命、英雄的な性格である一方、残忍で、しかもずっと泣いてばかりいたので、父母の堪忍袋の緒が切れて、地上から「根の国」つまり地底の国へ追放されることになった。

こうなると、さすがの須佐之男命も従わざるを得ない。ところが、この須佐之男命、意外に〝シスコン〟で、

「せめて、高天原の姉様（天照大神）に今生の別れを伝えたい」

と、高天原目指して、昇っていった。

ところが天照大神のほうは、そんなにアマくない。弟の暴悪さは元々知っていたから、

「あの悪童の弟めが、我が高天原を奪いに来る気じゃな」

と、思い違いの決めつけで、臨戦態勢に入る。そして自ら武装して、待ち構える。

その際の天照大神の様子が『日本書紀』にこう記されている。

「髪を結《ゆ》ひてみづらとし、裳《みも》を縛《まつ》ひて袴《はかま》とし（中略）また、背に千《ち》箭《のり》の靫《ゆき》と五百《いお》箭《のり》の靫とを負い、臂《ひじ》に稜威《いつ》の高鞆《たかとも》を着け、弓《ゆ》はずを振起《ふさお》こし、剣柄《たかみ》を急握《とりしば》り、堅庭《かたにわ》を踏みて股《むかもも》を陥れ（後略）」（巻一　第六段）

（髪を結い上げ、裾を縛って袴とし、背には矢入れを背負い、腕には矢を射るための革留めを着

けて、弓を振り立て、剣の柄を握り締め、大地をも踏み抜くかのような力を込めた仁王立ちで、須佐之男命を待ち構えた。）

いやはや、優美な女神のイメージである天照大神からはちょっと……と言うよりかなりかけ離れて想像し難い、天晴《あっぱ》れなる女軍ぶりである。

結局は、須佐之男命の必死の弁明によって天照大神の誤解が解け、姉弟で、血で血を洗う一騎討ちにはならずに済んだ。

が、天皇家の祖先神である天照大神が、こんな勇ましい女軍の一面を持っていた――と、わざわざ『日本書紀』に記しているところ、やはり我が国の女性は古代より、神からして女軍だったと言えよう。

この天照大神の描写については、現代我が国におけるユング心理学の大家で、日本人の精神構造を克明に分析した、あの河合隼雄《かわいはやお》が、次のような興味深い説明を残している。

西洋のシンボリズムにおいて、父性を表わすと考えられる王様―太陽―天―右―（意識）、と、母性を表わす王妃―月―地―左―（無意識）、という一連の結合を考えると、アマテラスはこれらの混合した形で判然としない。（中略）また、松本氏（引用者注・宗教学者である松本滋の論文より）はアマテラスは裁くとか怒るとか罰する神といったイメージよりは、むしろ、許す、包容する神というイメージが強いと述べているが、スサノオが高天原に上ってくるのをむかえて、男装して弓矢を手にし、庭を力強く踏みたてて、「稜威《いつ》の男建《をたけび》、踏み建《たけ》びて」待った姿などは、どのように説明するのか。（中略）ひとつの文化が他の文化を駆逐するとき、古い神話を徹底的に破壊してしまう一般の傾向から考えると、このような反主流の神話を残したのみでなく、それをも組みこんで、神話を作りあげた事実の方が珍重すべきことではないだろうか。つまり、日本の神話が、父性原理と母性原理の巧妙なバランスをつくりあげているとみるゆえんである。

（『日本社会とジェンダー』「母性社会日本の〝永遠の少年〟たち」）

河合氏が、日本文化を「母性原理」に基づくものだと主張していたことは周知の事実だが、それはさておき、「天照大神の烈しい戦闘者としての姿」と「情けなく哀れっぽい須佐之男命」との対比が、中国文化を中心とする一般的な東洋にある「勇猛な戦士イコール男」という認識から外れた、きわめて日本的なものであるということを、河合氏は主張している。

『日本書紀』編纂当時は、すでに「社会システム」として中国（唐）の文物や思想が、大量に輸入されていた。当然「神話」の類も輸入されていたわけだが、中国の神話に「戦う女神」は存在しない。

つまり「女軍としての天照大神」は、日本古来の独自的発想から生まれたものであり、それは、輸入され我が国に根付いたはずの「中国神話」からさえ、影響を受けなかった。輸入された「中国神話」を主流とするなら、あえて世界神話全体の「反主流」の位置づけで、女軍は古代日本に深く存続し続けたのである。

元来が神話とは、現実の人間的感性や発想を基軸として創られたものであるから、古代日本に女軍が、ごく普通のものとして実在していたればこそ、天照大神に「女軍としての一面」が記されたのだ。

河合氏の言う「日本の神話が父性原理と母性原理の巧妙なバランス」によって成り立っているという主張は、すなわちその根幹として、古代日本の「戦争において男女が同等であった」という意味を示す。

つまり、古代の我が国においては「戦士という立場」に男女の差はなく、女軍が、「日本文化のひとつの特徴」として存在していた――というわけだ。

実在した数多くの女軍たち

我が国の現実において、古代に女軍の部隊が、それぞれの豪族、または皇軍（ヤマト朝廷軍）の中に一般的に存在していたことは、古代史や女性史の研究者たちも一致して支持している。

一例として、日本古代女性史研究者である関口裕子氏の論文から、一部を引用しておこう。

このように大王軍（引用者注・即位前の神武天皇の軍）と闘い滅ぼされた場合、闘わないで降服した場合の相違はあるとしても、女性が男性と並んで、ないしは単独で軍事指揮権の掌握者として存在したことは史料（引用者注・『日本書紀』『風土記』等）からも確認できるのである。なお軍事指揮権に男女が対等にかかわれたこの期においては、指揮者だけではなく一般兵士として、女兵士のいた可能性が神武即位前紀戊午年九月戊辰条での「女軍」、「男軍」の存在から考えられる点をも指摘しておこう。

（中略）

（引用者注・古代史史料からは）兵士妻だけでなく兵士母の従軍も行われた点がいえる。（中略）将軍妻の命令により「女人数十」が作戦に従っているが、この数十人の女人は（中略）一般兵士の妻（母）と考えるのが自然であり、（中略）そして一般兵士の妻のこのようなあり方は、将軍妻が夫の軍事指揮権を補佐した事実とちょうど対応する事象と考えられる。

（『民族・戦争と家族』「日本古代の戦争と女性」）

我が国の古代においては、将軍から末端の兵士に至るまで、戦争の際には男女（夫婦・母子）がともに従軍し、多くの女軍が戦闘に参加していたのである。

なぜ古代日本には女軍が存在したのか

もっとも、八世紀頃に中国の社会システムが取り入れられ、我が国初の「律令制国家《りつりょうせいこっか》」つまり中央集権国家が確立すると、軍隊制度も、大きな変革を見るようになった。すなわち、軍を編成する者が、将軍から兵士まで「男の役割」となったのである。この時代に至って、ようやく我が国も、世界と共通して、男性のみの軍隊が普通となった。

古代にあれほど輝いていた女軍たちは、いったん社会の表舞台から、ほとんど姿を消したのである。

それでも、女軍の存在は完全に絶えることなく、時代の変遷の中で、細々と、しかし脈々と、その伝統が守り続けられた。

では、古代世界の他の文化領域において、ほとんど見ることのない女軍が、なにゆえ日本には長く定着していたのか。

言い換えるならば「戦士」という立場において、なにゆえ、律令体制前の古代日本には「男女格差」が、なかったのか。

おそらくは、生き物としてもっとも重要にして、きわめて日常的な「食糧の確保」という問題の日本的特徴が、その根幹にあるだろう。

古代日本人は、一万年にわたる縄文時代を経て、その末期から、食糧を効率的に獲得する方法を手に入れた。それが、中国から朝鮮半島経由で輸入された技術「稲作」である。

元来が、世界の大陸のほとんどにおいて、古代の食糧調達のおもな手法は「狩猟」であり、それはおもに、体力に優れ「狩猟本能」を有する男の役目だった。対して日本列島は、植物や海産物が豊富で、食糧の調達が比較的困難でなかったため、縄文時代に狩猟技術は、さほど発展しなかった。

海産物を食糧とする文化としては、食べ終わった貝殻を遺棄したり、海産物の簡単な加工をした場所として、こんにちの考古学で「貝塚」と呼ばれる場所が、縄文時代によく作られていた。この「貝塚」の跡は、こんにちの日本列島で約二七〇〇ヶ所、確認されている。

これは、世界の他地域の貝塚よりかなり多く、逆説的に言えば、古代日本では、あまり大がかりな狩猟は、必要なかったとも言える。

また、食用植物の採取や海岸での貝類の採取は、女性でも容易にできることで、食糧調達において、日本列島ではあまり「男女格差」の生じることはなく、そうした伝統が、のちの女軍の登場の基幹だったとも、言えなくはなかろう。

それを傍証する例として、次のような考古学的史実を突き止めた研究者が、いる。

稲作を覚えたのちの日本人においても、日常的な精神風土として「男女格差」は、発生しなかった。この点については、東京教育大学文学部史学科卒の文学博士で古代日本女性史に詳しい義江《よしえ》明子《あきこ》氏の著作に詳しい。その一部を引用する。

律令国家の租税制度は、よく知られているように「租《そ》・庸《よう》・調《ちょう》」といわれるもので、田の面積に応じて稲を納める租を除いて、庸と調は成人男子の負担です。(中略)一方、田は口分田《くぶんでん》として男子二段、女子にはその三分の二が班給されます。(中略)庸と調は、地方の特産物も含みますが、大部分は、布・糸などの繊維製品です。これは当時、布が稲とならんで、日常生活の必需品であるとともに貨幣にもなる、重要な品だったからですが、これら庸・調の繊維製品は、一部の高級品を除きもっぱら女性の手でつくられました。

(中略)

また、白米を天皇・役人の食料用に都に送る負担も(引用者注・男には)ありましたが、稲を脱穀精米する仕事(舂米《しょうまい》)は、「舂米女《しょうまいめ》《つきよねめ》」という言葉があるほど、確立された女性の専業分野です。

(『古代女性史への招待』「女性史からみた古代」)

この論文からは、我が国に「律令体制」が確立した奈良時代においてなお、女性による「班田」の所有、貨幣の働きをする庸・調の繊維製品の作成、そして脱穀精米の仕事――と、当時の我が国の女性が、経済的にも自立し、この点において、社会的な「男女格差」が、ほとんどなかったということが読み取れる。

義江氏のこの論文には、さらに興味深い説明がある。

ごく最近（引用者注・二〇〇〇年前後）出土した九世紀ごろの木簡から、「里刀自《さとじ》」とよばれる女性が、田植え労働の男女を指揮している様子が、具体的に明らかになりました。この女性は、郡司《ぐんじ》（地方行政の責任者）の命令をうけて、三〇名ほどの男女を率いて労働現場に赴いています。（中略）そのほかの木簡や史料からも、九世紀ごろまでは、女性が男性と同等、あるいはそれ以上の責任と重い立場で、農業労働を組織していたことがうかがえます。

（中略）中国にならってつくられた国家制度の表面からは男性の役割・働きしかみえなかったのに、近年の木簡の出土によって、実態はずいぶん違うことがわかってきました。

（同書）

つまりは、我が国の稲作文化の祖たる中国（北東アジア）では、古代からすでに「男性優位」であることが、社会システムとして確立していた。そして、その延長として「戦士という職種」は、男の〝専売特許〟であったのだ。

だが、古代の我が国では、「男性優位」の社会システムは定着しなかった。

義江氏は「『里刀自』なども、その代表的な例」とも示していて、我が国の古代が、経済的にも社会立場としても、きわめて「男女格差」の希薄な、特殊な国柄だったということと説明している。

つまり、古代日本の「男女格差の大きくなかった社会」においては、「部族の命運をかけた『戦争』に部族の総力を挙げて挑む」という文化が自然に成育していて、その中で女性も参戦するのが、むしろ必然であったと言えよう。

さらには古代の我が国では、部族の首長が女性であることもまた、珍しくなかった。総合女性史研究会が編纂した『時代を生きた女たち』では、次のように説いている。

首長についていえば、弥生時代には卑弥呼にみるように、また『日本書紀』や『風土記』の伝承にも描かれているように、首長に女性が少なくなかった。三世紀末頃から始まる古墳時代になっても、その前期から後期前半にかけての時代には、女性首長を葬った円墳や前方後円墳が、九州から東国にかけて広く分布していることを考古学が明らかにしている。そうした弥生から古墳時代にかけての頃の女性首長たちは、いったん共同体の命運をかけた戦争となると、部族を率いて先頭に立って戦った。『日本書紀』や『風土記』は、そうした女性首長の姿を、断片的ではあるが、伝承として書きとめている。
（溝口睦子「男女がともにたたかった古代の戦争」）

女軍とは、決して「パーソナルな、特別な女性」ではなく、古代の我が国の精神文化の下地のもと、一般的な存在だったのである。

女軍の衰退と、水面下での伝統的継続

なお前述したように、中国の社会システムを模した「律令体制」が確立したのちは、女軍の戦争参加は希《まれ》となった。それでも、「里刀自」の例でも分かるとおり、日本人全体の

精神風土において「男女格差の希薄さ」は、消えることはなかった。そして女軍の存在も、我が国の人々の心から消えることはなかったのである。

南北朝動乱の時代から室町時代に入ってなお、女軍の存在記録が残っている。たとえば、日本女性史研究家の海老澤美基氏の論文では、以下のような例を挙げている。

> 南北朝時代になると、女騎（引用者注・乗馬する女性）＝女騎馬武者の意が強くなる。九州探題でもあった今川了俊は「さるは鎮西にても大事の陣にては毎度女騎あまた我等が夢にも見。人の夢にもみえし也。必ずかくのごときの勝利有し也」（『難太平記』）と女騎の夢を見ることが勝利の吉兆と記している。これは人の夢ともあることから、当時広まっていたこと（引用者注・神託）であろう。
>
> （「女騎考」『総合女性史研究』28号掲載）

すなわち、八世紀頃から我が国の社会システムの中で少数となっていた女軍は、それでも古代からの記憶として忘れ去られることなく、あえて文芸的に表すならば「日本人の心の中の遺伝子」として存在し続け、なればこそ、日本の長い歴史の中で、時折、美しくもすさまじい女軍が、表舞台に登場してきたのである。

第一章　神話時代から古代の女軍

1882年（明治15年）発行の５円札と
翌1883年発行の10円札に採用された神功皇后

■女王・卑弥呼《ひみこ》（生没年未詳・弥生時代）

弥生時代、日本列島でそれぞれの集団を形成していた部族たちの首長が、必ず男性だったとは限らなかったことは、前述したとおりである。

ただ、日本列島において、曲がりなりにも安定した「統一国家」めいたものが成立したことを記した史料として、ご存じ『魏志倭人伝《ぎしわじんでん》』がある。

『魏志倭人伝』は、独立した史書ではない。三世紀末に中国で編まれた歴史書『三国志』の中の一部の通称だ。そして、この中には、当時の「倭人（日本人）」の社会状況や習俗について記されている。

それによれば当時、日本列島では豪族間の争いが絶えなかったところ、「卑弥呼」という女王が登場したことにより、ようやく国がまとまったという。

『魏志倭人伝』の記述によれば、卑弥呼は、軍の統括者ではあったものの、立場としては巫女《シャーマン》であって、戦いの吉兆を占い、国（邪馬台国）にとどまって戦の大まかな指示を与える立場にいたらしい。つまりは厳密には、戦の最前線で剣を振るう女軍ではなかったようである。

それでも、この日本に、文献上初めて君臨して国をまとめた王が「女性」だったことは、留意に値する。当時の中国では当然のこと歴代の君主は男性だったのだから、我が国で「男女格差が希薄」だったのは、やはり、歴史の特徴と言える。

ちなみに『魏志倭人伝』によると、卑弥呼の死後、男性の王が擁立されると、我が国はまたもや豪族間の争いが激しくなった。そこで、言わば「卑弥呼二世」として、再び女王が立てられたという。

この女王は、卑弥呼のじつの娘ではない。卑弥呼の親族のうち中心の一族の娘（宗女、宗家の娘のこと）で、王の位に即《つ》いた時は十三歳だった。若いことは若いが、当時は平均寿命自体がかなり短かったから、この年齢でも一人前の成人扱いだったのだろう。

さて、この卑弥呼が、こんにちにつづく事実上の日本の君主である「天皇家」に直接つながる者なのかどうか。それは、確認のしようがない。天皇家の始祖は、卑弥呼とはまったく違う一族だという見方のほうが、こんにちの段階では一般的だ。

天皇家は「令和」のこんにちまでは、代々「男系」であることが原則となっている。しばしば登場した女性天皇（女帝）は、その時々に「次代の男性天皇候補が成人していなかった」ための〝臨時の天皇〟という立場に過ぎなかった。

だが、それでも天皇家の歴史では、「祖先神」として天照大神という女神を祀《まつ》っている。祖先神として女神を祀ったのは、日本土着の人々がむしろ「女性崇拝」の強い民族だったので、それに合わせて神話を形成したのであろう。

いずれにせよ、この日本列島に住み暮らしていた人々は、自らを「独立国家」としてまとめた段階で、女性崇拝を、言わば「国是」としていたわけであり、やはり、この点においても、歴史上「男性優位の精神風土ではない国」だということが、言えるだろう。

だからこそ、女軍の存在も、ごく自然なものだったわけだ。

（おもな参考史料『魏志倭人伝』）

■神武天皇の女軍部隊（生没年未詳）

『日本書紀』巻三は、初代天皇である「神武天皇」の一代記である。そして、ここで初めて「女軍」という呼称が、登場する。

神武天皇の時代は、まだ天皇家による日本統一が成される前で、天皇家に造反する勢力も数多く残っていた。そこで神武天皇は「皇軍」の軍勢を率いて、それらをバッタバッタと倒していき、日本の平定を目指す。

「天皇家の先祖たる神がお創りになった日本を、天皇家が支配するのは当然だ」という理屈で、この日本平定は、有無を言わさず正当化される。このへん『日本書紀』という書物にプロパガンダの一面があることが、分かる。

さて、この巻三で、神武天皇は「皇軍」を二つの部隊に分ける。『日本書紀』ではつぎのように記している。

――また女坂に女軍を置き男坂に男軍を置く。（即位前紀戊午年九月）

こうして神武天皇は行軍を続け、難敵を相手に、まず女軍部隊を、先方に差し向ける（即位前紀戊午年十一月）。

じつのところ、この女軍部隊が女性戦士だけの部隊だったとは確定できない。だが、わざわざ「女軍」と呼称しているからには、女性戦士中心の部隊と考えてもよかろう。

（おもな参考史料『日本書紀』）

その他の女軍たち

じつは、『日本書紀』を繙《ひもと》くと、この時代（五～七世紀）に、何人もの名のある女軍がいたことが、読み取れる。

この時代、初期の天皇家による「ヤマト朝廷」は、すでに日本の支配者としての地位を確立しつつあった。しかし、度重なる朝鮮半島への出兵、そして未だ天皇家に従わぬ国内の有力豪族の討伐と〝戦争行為〟をひんぱんに進めていた。

そんな時代の女軍について、いくつかの例を挙げてみたい。

■樟媛《くすひめ》――夫を暗殺（生没年未詳・古墳時代）

五世紀後半の有力豪族の武人で、吉備上道弟君《きびのかみつみちのおときみ》という人物がいる。

彼は、時の天皇「雄略《ゆうりゃく》天皇（第二一代）」の命令によって「新羅《しらぎ》（朝鮮）」征伐に赴いた。当時、我が国の朝廷と新羅は、かなり不仲だった。

ところが、吉備上道弟君は、朝鮮半島に遠征したことはしたものの、新羅の手前の「百済《くだら》」で進軍を止め、朝廷（天皇家）に対する謀反を企てた。

これは、雄略天皇が彼の父親の妻を奪ったので、父親が天皇を恨み、息子である吉備上道弟君に「ともに朝廷に反旗を翻そう」とそそのかした——という事情が背景にある。

つまりは、吉備上道弟君には、単なる「悪者」と言い切れない同情すべき点もあるのだ。

ところが、吉備上道弟君の妻である樟媛は、朝廷に対する忠誠心がとても強い女性だった。夫の裏切りを許さず、なんと、誰に入れ知恵されたわけでもないのに独断で、夫を暗殺してしまった。吉備上道弟君は、なんともお気の毒な末路である。

さて、このエピソードから分かることは、律令体制確立後なお、戦争の遠征に向かう将が戦地に妻を随行させていた——ということだ。「女性は、国に残って『銃後の守り』に就く」ということは、所詮は近・現代の感覚に過ぎない。

しかも、樟媛は自ら夫を暗殺したというのだから、おそらく武具の扱いも心得ていた、優れた女軍だったのだろう。

樟媛は、まさしく、文献に残る女軍の初期の一人と言える。ちなみに、彼女は、夫を殺害してのち、百済から献上された技術者たちを連れて凱旋《がいせん》し、朝廷に復命した。

（おもな参考史料『日本書紀』）

■上毛野形名《かみつけののかたな》の妻——初の女軍部隊リーダー（生没年未詳・飛鳥時代）

また、七世紀中頃、「舒明《じょめい》天皇（第三四代）」の時代である。

朝廷が、東北の「蝦夷《えみし》」族を征伐するため、武人の豪族である上毛野一族の形名を、討伐軍の将軍に任命した。

ところが、この形名が意外にもメンタル面の弱い人で、戦いがちょっと不利となるや、アッサリ逃げ出そうとした。

すると、ともに遠征軍に加わっていた形名の妻が、

「こんなところで逃げ出すとは、上毛野一族の恥です！」

とばかりに、夫を激励……と言うより叱責し、形名に無理矢理に酒を吞ませて、形名の

ナケナシの勇気を奮い立たせた。

形名の妻は、それにとどまらず、自ら夫の剣を取り、従者の女たちに命じて、蝦夷の軍に向かって弓を鳴らさせた。これに驚いた蝦夷軍は動揺し、形名は見事、形勢逆転、蝦夷軍を征伐するのに成功したというのだ。

このエピソードもまた、「男の従属物として」ではなく自らの意志で戦いに赴く我が国の女軍の勇ましさを、物語るものだろう。

くわえて、このエピソードからは、形名の妻には「彼女の直接の指揮下にある女軍の部隊」が存在していた——ということが、読み取れる。

のちの時代にも、女性兵士だけで構成された、言わば「女軍部隊」が活躍した話はいくつか残されている。我が国の歴史においては、女軍は決して特殊なごく一部の女性だけではなかった——というわけである。

（おもな参考史料『日本書紀』）

い。

■薩末比売《さつまのひめ》――九州の女軍（生没年未詳・飛鳥時代）

ところで、こうした女軍の存在は、何も朝廷傘下の豪族に限ったことではなかったらしい。

平安時代の初期、『日本書紀』に続いて編まれた公式歴史書の『続日本紀』には、朝廷に抵抗していた九州の「隼人《はやと》」族との度重なる抗争について、記されている。

その中で「文武《もんむ》天皇（第四二代）」の時代、隼人の軍を率いた首長として「薩末比売」「久売《くめ》」「波豆《はず》」という三人の人物の名が見られる。研究者によると、この三人は、隼人の巫女《シャーマン》だという。

彼女らも、隼人族の先頭に立って勇敢に戦った女軍だったのだろう。

ちなみに、東北の「蝦夷」族についても女軍の記録は確認できないが、やはりこの隼人の三人同様、女軍が存在していたのではないか。

女軍は、まさしくこの日本列島のいたる所の部族の中にいて、男と同様に勇ましく戦っていたのだろう。

（おもな参考史料『続日本紀』）

■神功皇后《じんぐう》――伝説の皇族女軍（生没年未詳）

我が国の「天皇家」にも、かつて女軍は存在していた。

歴代天皇は現在、一二六代を数えるが、初めの十数代は多分に伝説的存在である。

そうした初期の天皇の一人で、「仲哀《ちゅうあい》天皇（第一四代）」という人物がいる。

仲哀天皇は、『古事記』のヒーローである、あの日本武尊《やまとたけるのみこと》の第二皇子である。彼は、亡き父の日本武尊をたいへんに尊敬していたようで、亡父が「白鳥になって空に昇った」ということから、各地域に白鳥を献上するよう勅命を出している。なかなかの孝行息子である。

で、当時の朝廷は、まだまだ遠方に抵抗勢力があり、これを侵攻征伐するのに躍起になっていた。仲哀天皇も九州の「熊襲《くまそ》」族を征伐するため、自ら軍を率いて進撃した。

この仲哀天皇の后が、「神功皇后」という女性である。当然、彼女も遠征軍に随伴している。

遠征軍は、駐屯地である「筑紫《つくし》（現・福岡県）」で、戦いの先行きについて神託を受けることとした。そこで神託の任を担ったのが、神功皇后であった。やはり彼女も巫女《シャーマン》だったわけである。

ところが、神功皇后の口を借りた神のお告げというのが、とんでもないものであった。「痩せ衰えた熊襲の国など侵略したとて、さしたる戦果にはならない。ここは思い切って、今の軍勢のまま海を渡り、朝鮮を攻めよ。さすれば戦いは勝利を収め、朝鮮の莫大な金銀財宝が朝廷のものとなるだろう」――と。

あまりに無謀な計画の変更である。遠征軍の装備は、あくまで熊襲征伐のために整えてきたものだから、今から朝鮮に渡る軍船を準備するだけでも、相当な経費と時間がかかる。仲哀天皇は現実的な人だから、どうにもこの神託を信じられなかった。そこで妻の口から出た神託は無視して、当初の予定どおり熊襲を攻めた。

ところが、仲哀天皇はこの戦いのさなか、不運にも熊襲側から放たれた矢に当たり、帰らぬ人となった。「神託を信じなかったための神罰だ」などとも非難され、踏んだり蹴っ

神功皇后（作者不詳）

たりである。

さぁ、こうなると軍の全権を握ったのが、神功皇后である。

神功皇后は、自らに宿った神のお告げを信じて、熊襲征伐もそこそこに、朝鮮への出兵を決意する。じつに勇猛果敢な女軍である。

彼女は、夫の跡を継いで即位することは、しなかった。役職としては「摂政《せっしょう》（天皇の補佐役）」である。しかし、その実態は紛うかたなき女帝であった。

「これより、朝廷軍は『新羅』を攻める！」

神功皇后は、高らかに全軍に下知した。

彼女には、神託による絶対の自信があったのだ。その自信に裏打ちされた勇気ある下知は、全軍に響き渡った。神功皇后は、自ら髪を束ねて、当時の鎧兜に身を包み、男装の武者姿になって全軍の先頭に立った。

ここで注目すべきは、彼女が、戦争にありがちの「兵による略奪と婦女暴行」を、あらかじめ厳しく禁じたことである。

伝統的に、我が国の女軍は、男にも勝る勇敢さを備えている一方、女性としての優しさも持ち合わせている。神功皇后の功徳が、伝統として残っていったのだろう。

かくして朝廷軍は、軍船を掻き集めて大軍船団を組むと、海を渡り始めた。その大船団は、まるで「大軍が山に登ろうか」と見紛うほどの壮大な規模だったそうである。

ビックリ仰天したのは新羅の王である。

「東に『日本』という強大な神国があると聞いてはいたが、これほどのものとは」

船団の規模にすっかり怯えてしまった新羅の王は、戦わずして白旗を揚げた。つまり、天皇家への恭順を示し、こののちの「朝貢（貢ぎ物の献上）」を約束したというのだ。

神功皇后は自ら新羅の王宮の門に矛《ほこ》を突き立て、侵攻の証とした。この武勇を伝え聞いて恐れた、残り二つの朝鮮半島の国である「高句麗《こうくり》」と「百済」も、「日本に攻め込まれては国が滅ぶ」とばかりに、攻められる前にサッサと朝貢の約束をした。

かくして神功皇后は、最小限の被害（実質、被害ゼロと言ってよいだろう）で、見事に朝鮮半島の三国を掌握したのである。

これを称して「三韓征伐」と呼ぶ。

この『古事記』『日本書紀』に残されている「三韓征伐」のエピソードは、日本側にずいぶんとムシのいい話で、なかなか信じがたい。が、朝鮮や中国の歴史書にも、このことを匂わせる記事があって、少なくとも、神功皇后の女軍としての勇敢ぶりは、史実と見たいものだ。

神功皇后の勇敢ぶりは、のちにさまざまな伝承となって語り継がれ、「彼女が遠征の時に立ち寄った」などと伝わる土地が、信仰の地として、こんにちなお祀られている。その神社や史跡は、九州や西日本をはじめ、全国に散見される。

江戸時代の有名な紀行文『おくのほそ道』にも、松尾芭蕉が神功皇后の御陵と伝わる所を訪れた記述がある（第三十一章「象潟《きさかた》」）。

特筆すべきは、これら神功皇后にまつわる信仰が、後世、武士の時代になってなおつづいていたことだ。数多の武将たちが神功皇后を崇拝していた。

たとえば、平安時代の末期、武士が台頭し始めた頃のシンボル的な武将とも言える源《みなもとの》義家《よしいえ》（源頼朝《よりとも》や足利尊氏《あしかがたかうじ》の祖先）は、神功皇后を含む八幡神をたいへんに深く信仰していたことで、有名である。

これは、我が国においては女軍が、のちの世に至るも、異端扱いされることなく、敬意さえ込めて扱われていたことを、物語っている。


（おもな参考史料『日本書紀』）

■斉明《さいめい》天皇――大遠征軍を指揮した女帝（五九四〜六六一）

そもそも、こんにち（「令和」の時代）までの歴代天皇で女性であった人物＝「女帝」は、八人を数える。

このうち二人は、いったん譲位したのち再び皇位に即いているので（こうした再度の即位を「重祚《ちょうそ》」と言う）、つまりは十代の女性天皇がいたわけである。

「斉明天皇（第三七代）」もまた重祚の天皇で、七世紀半ばの女帝だった。

国内政治の実務は、大半を、あの古代の一大改革「大化の改新」の立役者でもあった息子の中大兄皇子《なかのおおえのおうじ》に任せていた。が、どうにも彼女は、土木工事の好きな人で、やたらと倉を建てるなどの独裁ぶりを発揮して、朝廷の財政を逼迫させる悪癖があった。

で、この斉明天皇、紛うかたなき女軍であった。

当時、朝鮮半島は戦乱の渦中で、半島の一国である「百済」が、中国（唐）と手を組んだ「新羅」によって滅ぼされた。この時期、百済と友好関係にあった我が国は、百済へ同情を寄せ、百済の残存勢力に力を貸して、朝鮮半島への軍事介入をした。いわゆる「白村江《はくそんこう》の戦い」である。

この戦いの準備のため、自ら陣頭指揮を執ったのが斉明天皇だったのだ。

斉明天皇は、武器や船舶の建造に力を入れたばかりか、自ら遠征軍の先頭に立って、朝鮮に向かう前線基地（「朝倉橘広庭宮《あさくらたちばなのひろにわのみや》」）を九州に作り、そこへ出陣している。

この遠征軍に彼女は、息子である皇子（のちの天智《てんじ》天皇、天武天皇）とともに、その皇子の妻をも加えている。天皇一族が男も女もこぞって軍団を組み、出陣したわけだ。

言ってみれば、天皇家ゆかりの女性たちが皆、女軍だったわけである。

この時、斉明天皇は六十八歳。当時としてはかなりの高齢で、この歳で対外戦争の先頭に立とうというのだから、たいした勇猛さである。

しかし、やはり無理が祟ったのか、彼女は朝鮮の戦地へ赴くことなく、朝倉橘広庭宮で崩御した。前線基地での客死というわけで、最期まで勇ましい女軍であった。

ところで、この遠征軍には、古代の宮廷歌人（皇族のスポークスマン的な歌を詠む、朝廷お抱えの歌人）として有名な、額田王《ぬかたのおおきみ》も同行していた。言うまでもなく、額田王は、女流歌人である。

その彼女が、朝鮮出兵の前に、こんな歌を詠んでいる。

熟田津《にきたつ》に　船乗りせむと
　月待てば　潮もかなひぬ　今は漕ぎいでな（『万葉集』巻一　八）

（朝鮮半島に戦乱が起こり、友好国の百済の残党が、我が国に救援を求めてきた。援軍の船団を用意して、熟田津〈現・愛媛県松山市の海岸〉で月の出るのを待っていると、潮の流れも月明かりも、まさに我が軍の味方となって、最高の出港態勢となった。さあ、いよいよ、出陣の時ぞ！）

なんとも勇ましい、自軍を激励する歌である。

この歌には、戦いに向かう戦士の勇猛さが、高らかに詠まれている。額田王という「芸術に生きる女性」でさえ、その心に「女軍の魂」を宿していたことが、うかがえる。

ちなみに、こんにちに伝わるこれら斉明天皇の勇猛ぶりは、神功皇后のエピソードをずいぶんとリスペクトして、それにあやかった脚色で、まとめられたもののようである。

（おもな参考史料『日本書紀』）

第二章　武士の時代の女軍たち（1）

長野県木曽町に建つ木曽義仲と巴御前の像

受け継がれる「女軍の魂」

古代の日本は、中国（唐）を、あらゆる文明文化のお手本としてきた。当時の公家たちが記す文章もまた漢文で、拙い漢文によって公式記録などを必死に書いていた。日本固有の、平仮名でつづる文章は「女手《おんなで》」と呼ばれ、女性が手慰みにつづる文体であって、これを男が書くことは、公では快く思われなかった。『土佐日記《とさにっき》』の作者である紀《きの》貫之《つらゆき》が、女性の振りをして、仮名でこれをつづったのも、そうした理由だ。

また、『伊勢物語《いせものがたり》』の主人公とおぼしき在原業平《ありわらのなりひら》は、和歌の天才として描かれているけれど、どうにも漢文は不得手だったらしい。漢文がうまくないことは朝廷の役所（宮中）の出世コースでは致命的なマイナス面で、つまり在原業平は「ドロップアウト組」だったのである。

八世紀に入ると「律令国家（法律によって統制された国家）」が、徐々に完成した。ここにおいて、国家の軍の体制も、新たに形作られていった。すなわち「軍人イコール成人男性」という認識が、定着した。

したがって女軍の歴史は、こののちしばらくは、大きな発展は見なかったのである。

だが、我が国独特のものとも言える「女軍の精神」は、廃れることはなく、脈々と、精神風土の底に流れつづけた。

そして、平安時代末期。我が国の支配層が「武士階級」となった時代より、女軍は再び、歴史の表舞台に立つようになったのである。

言わば、女軍活躍の第二の時代である。

そうした「武士の時代の女軍」の代表たちを、次より紹介していこう。

■巴《ともえ》御前《ごぜん》――最強のスーパースター女軍（生没年未詳・平安時代末期）

鎌倉時代の初期に成立したとされる「軍記もの」文学の傑作となれば、言わずもがなの『平家物語《へいけものがたり》』である。

この作品は、鎌倉幕府が開闢《かいびゃく》するきっかけとなった「源平争乱の時代」を舞台にしているわけだから、時代から言うと、その背景は平安時代末期ということになる。

平安時代と聞くと「雅《みやび》な貴族の時代」のイメージが強いけれど、その晩期はすでに、武士が跋扈《ばっこ》する時代であった。

もっとも、この時期には、すでに「軍人イコール成人男子」の認識が〝表面上〟は定着していたから、女軍は古代ほどには、表だって活躍することはなかった。

ところが、である。

この『平家物語』に、「それまでの時代に積み重ねられてきた女軍の歴史」を〝煮詰めて生み出された〟かのような、豪壮無双の女軍が、登場する。

ご存じ「巴御前」である。

巴御前は、源氏方の武将である源義仲《みなもとのよしなか》の愛人にして、義仲がもっとも信頼を寄せていた家臣の一人だったと、伝えられている。

彼女の女軍としてのキャラクターは強烈で、『平家物語』のほかにも、彼女の豪傑ぶりを伝える逸話は数知れない。

まずは、『平家物語』に記されている彼女の女軍ぶりについて、おさらいしておこう。

巴御前が登場するのは、『平家物語』の中盤である「木曽最期」の章段である。

平氏一門を打ち破り、言わば「進駐軍」として都入りした源義仲。ところが、この男、どうにも木曽という地方育ちで、都の風習や慣例をいっさい知らぬ無教養ものだった。家臣団と揃って都で傍若無人の限りを尽くし、ついに業を煮やした後白河法皇《ごしらかわほうおう》によって、討伐の命令をくだされた。

この命令を受けたのが、同じ源氏で当主である源頼朝だ。

頼朝としては、都入りの先を越された義仲を快く思っていなかったから、この命令を「渡りに船」とばかりに、追討軍を差し向ける。この追討軍の将軍が、言わずと知れた日本史上に冠たる戦の大天才・源義経《みなもとのよしつね》である。

義経軍の果敢にして巧妙な攻撃に、さしもの義仲も逃げの一手で、家臣は次々と討ち死にしていく。ついには義仲に付き随った家臣は、たったの四人にまで減ってしまうという絶体絶命の窮地に追い込まれる。

そして、この選び抜かれた四人の豪傑の家臣たちの中に、巴御前が含まれていたのである。

『平家物語』には、巴御前の姿について、細かく述べられている。それによれば「肌は白く、美しい黒髪で、たいへんな美人だった」とされている。

もっともドラマのヒーロー・ヒロインの容姿を「美しい」と伝えるのは〝お約束事〟だから、実際のところは分からないし、女軍にとっては〝男から見た美貌〟などは、さしたる意味はない。

ちなみに、源義経は『義経記』などでは絶世の美青年と描かれていて、こんにちにもそのイメージが強いけれど、この『平家物語』のほうでは「出っ歯の小男」と描かれている。古典の人物の容姿描写などは、たいてい当てにならない。

ところが、この巴御前、美貌のほうはともかくとして、女軍としての強さたるや、半端なものではなかった。

男武者でも引き切れぬような強弓を使いこなし、敵と組み合えば、その豪腕で有無も言わせず組み伏せる。おまけに乗馬の名手で、どんな荒馬も、巴御前の手にかかれば、おとなしくなったという。

義仲の最後の家臣にまで残ったのは、まさしく、それほどの実力があったればこそである。

また、巴御前は、たいへんな力持ちだったと伝えられている。『平家物語』には記されていないが、ついでだから、ここで述べておこう。その怪力ぶりについて、じつにおもしろい伝説がある。

富山県高岡市に、かつて「駒かけの松」と呼ばれた一本の松があったそうである。

義仲がこのあたりに騎馬で赴いた時、巴御前がその近辺の川で布を晒《さら》していた。洗濯でもしていたのだろう。そこで、義仲がたわむれに彼女に「無礼」を働いたところ、怒った彼女は、馬もろとも義仲を抱え上げるや、ブンと投げ飛ばしてしまった。

義仲は、そのまま数十枚もの田圃《たんぼ》を越えて飛んでいき、一本の松の枝に引っかかってしまった。それで、その松を「駒かけの松」と呼ぶようになった――というのだ。

真偽のほどを疑うのは野暮であろう。その時の義仲の顔を想像するだけで、十分に楽しめるエピソードである。

やや話がそれるが、じつは、こうした怪力女性の伝承は、巴御前だけに限った話ではない。

古くは『今昔物語』などの説話にも、大男もかなわない怪力の女性が登場する。

「説話」というのはフィクションではなく、当時あった珍しい出来事を小説仕立てで記したルポルタージュだ。中にはだいぶ真偽のほどが怪しいものもあるけれど、いずれにせよ当時は、説話として書かれたことは事実として受けとめられていた。

そんな中に「怪力の女性」の話があるわけで、つまりは、そうした存在は珍しいながらも、我が国では、不自然なものではなかったというわけである。まさしく「女軍の文化」の土台と言えよう。

となれば、とくに「戦いの才能がある女性」や「戦闘力の優れた女性」が、律令制が確立したあとでも頭角を現すチャンスが結構あっただろうし、優れた女軍が歴史に登場することも多かったのだろう。

巴御前の話から少しずれるが、せっかくだから、女軍にまつわるエピソードを、もう一つここで紹介しておこう。

この頃都に流行るもの　柳黛《りゅうたい》髪々えせ鬘《かずら》
　しぼ裄近江女《おうみめ》　女冠者　長刀《なぎなた》持たぬ尼ぞ無き

〈近頃の都の流行と言えば、眉墨でかいた眉。様々な髪の形。ごまかしのカツラ。着物の背の色っぽいしわを見せる近江〈現・滋賀県〉の女。おしゃれで男装する女。そして昨今、長刀を持たない尼さんはいない。つまりは、最近の尼さんは皆勇ましくて、長刀を振り回すものだ〉

これは、平安時代末期に編まれた『梁塵秘抄《りょうじんひしょう》』の中に見られる女性たちの〝元気な様子〟を詠《うた》った「今様《いまよう》（流行歌）」である。

とくに最後のフレーズに注目したい。

当時の仏教勢力は多くが独自に武装していたのだが、これは、尼たちも同じだったわけで、彼女らは長刀を携えて「御仏のため」と勇ましく戦っていた女軍だったというわけである。

八世紀以降の我が国で、武士という「軍人」が男性の仕事かのように〝表面上〟認識されるようになってからも、歴史の舞台で長きにわたって、やはり「女軍の魂」はずっと息づいていたのだ。

巴御前の話にもどろう。

これもまた『平家物語』の記述にはない別の史書によるものだが、巴御前は、源氏の上級家臣である中原兼遠《なかはらのかねとお》の養女で、幼い頃から義仲に仕えていた。

つまり義仲と巴御前は、主従の関係とは言え、幼なじみなのだ。正確な生年は分からないが、義仲より二つほど歳下だったようである。

彼女は、少女時代から優れた女軍の才能を発揮していた。義仲の生活の世話をする中で、義仲の武芸の鍛練の相手役も、よくこなしていた。

武芸というと、まずは弓と騎馬、そして剣である。が、じつはもう一つ、重要な武芸があった。

格闘技である。

戦場では、剣で敵と相対する場合は当然、接近戦となる。となれば必然の流れとして、直接に敵と組み合うことにもなるわけで、平安時代から戦国時代までは、格闘技は、武士にとってかなりリアルに求められる技能だった。

こんにち「武士と格闘技」があまりつながらないイメージなのは、武芸が単なる嗜《たしな》みになってしまった江戸時代の感覚を、引きずっているからに過ぎない。

巴御前の場合、弓も騎馬もかなりのレベルの女軍であったが、ことに格闘技の名手だった。義仲との鍛練では、よく組み合っては義仲をギブアップさせていたらしい。

巴御前の活躍ぶりは、義仲配下の荒武者たちの中でも、異彩を放っていた。

治承《じしょう》五年（一一八一）六月「信濃《しなの》（現・長野県）横田河原《よこたがわら》での合戦」で、彼女はたった一人で七人もの源氏の武士を、打ち倒した。文字どおり、力任せにバッタバッタと叩きのめしていったらしい。戦でいっぺんに七人倒すというのは、ちょっと考えられない戦績である。

さらには、義仲が十万の平家の大軍を見事に打ち破った「倶利伽羅《くりから》峠の戦い」では、彼女の大活躍が、一つの大きな勝因となった。

だが、そんな義仲も、義経による源氏の「内部粛清」の猛撃を受け、敗走に次ぐ敗走を余儀なくされる。

この戦での彼女の活躍も、また抜きん出ていたらしく、こんにち、その奮戦ぶりを称えた碑が残っている。それは「巴塚」と刻まれている。

「巴塚」は、幾つかあり、巴御前の活躍がいかに各地で目覚ましかったかが、うかがえる。

そんな彼女の戦いの壮絶ぶりを伝えるエピソードを、一つ挙げておこう。

義経軍の追手が、馬上の彼女に、左右から二人、突っ込んできた。すると彼女はグッと手綱を引いて急停止するや、両の腕をグンと伸ばすと、二人の追手それぞれの鎧の肩上《わたがみ》を、つかんだ。と、思う間もなく、両の脇にそれぞれの首をさしはさみ、そのまま渾身の力を込めて、締め付けたのである。

二人の追手は、一瞬で絞め殺された……どころか、そのまま首を引きちぎられた。

ドサリと二つの胴体が、巴御前の脇から落ちる。返り血で真赤に染まった巴御前は、顔色一つ変えることなく、脇にはさまった二つの首を投げ捨てた。

後年「坂東《ばんどう》武士の鑑《かがみ》」とまで称された名将の畠山重忠《はたけやましげただ》は、この時、義経の配下として参戦していた。そして、ここで巴御前を初めて見た。

「な、何じゃ、あの化け物は」

重忠は、その強さに戦慄した。家臣の半沢六郎が答えた。

「あれが巴御前にございます。聞けば、ふだんは心優しき女なれど、いったん鎧を着るや、一万の大軍を率いるほどの器にて、その強さ、鬼神のごとし——とか」

重忠はすっかり怖気づいてしまい、

「こんな化け物相手では命がいくつあっても足りぬわ」

とばかりに、あわてて部隊を引いたという。

ここは、臆病と非難するより「さすが重忠。見る目は確かだ」と誉めるべきだろう。

それほどに、巴御前の強さは桁外れだったのだ。

こうして巴御前は、義仲と最期をともにするつもりで奮戦をつづけ、最後に残った四人の家臣のうちの一人となったわけである。

ところが『平家物語』の記述によると、義仲は、最後の最後に、巴御前に意外な命令を下す。

「巴。おまえは去れ」

「そ、それは……どういう意味にございましょうや」

巴御前は、身体を震わせながら聞き返した。

「分からぬか。この源義仲が最期まで女に付いてもらっていた、などと世間に後ろ指さされては、末代までの恥じゃ。だからおまえは、どこへでも行くがよい」

義仲は、根が単純で無教養な男だから、当時〝表面上の常識〟となっていた「軍人イコール男」という、いわば「輸入モノの思想」に染まっていたようである。巴御前のことも、内心「武士としては例外的な存在」と見ていたのだろう。

くわえて、義仲は、馬の産地で有名な「木曽」の出身である。日常的に馬を扱うとなれば、筋力がモノを言うわけで、一般的な農耕民族よりは、そのメンタリティは、むしろ狩猟民族に近い。それだけに、独自の地域文化として「原初的な男女格差」の感覚も、持っていたのかも知れない。

それにしても、ここまで忠義を尽くし、大立ち回りの活躍で義仲を守ってきた巴御前に対して、あまりにも惨い、いや〝無礼〟でさえある態度だ。

我が国の女軍の歴史を知る者なら、こんな愚かな命令はするまい。義仲は勇猛な武将であることには違いないが、どうにも無知で狭量な男と評せざるを得ない。

当然、巴御前の「女軍としてのプライド」は、ズタズタに切り裂かれた。その悔しさたるや、想像にあまりある。

が、ここからが、さすが「女軍のスーパースター」巴御前の面目躍如たるところである。

義仲の命令を聞き、しばらくはじっとうつむいていた巴御前。義仲が、命令どおりおとなしく去っていくかと思いきや、巴御前は、壮絶にして果敢な行動に打って出るのである。

クルリと背を向けた巴御前は、突如として叫んだ。

「ああ！　この巴。最後に一暴れして、男どもの度肝を抜いてやりたいものだわ！　どこかに適当な敵はいないものかしら！」

よく透き通った、だが、四方に鳴り響く大声だった。唖然とする義仲たち。と、その見る先に、三十騎ほどの追手の姿が現れた。

巴御前は、ためらいなく馬を走らせ、突っ込んだ。迷いなく、もっとも屈強そうな武士の傍らに駆け寄ると、その武士を強引につかまえ、引きずりおろした。

さらに彼女は自分の馬を前にのめらせ、その武士を、鞍の前の部分に押しつけた。満足に身動きできず、バタバタと、あわててもがく武士。だが彼女は、容赦なくその武士の頭をひっつかみ、もう一方の手で首をしめた。

その瞬間、グシャッと、にぶい音がした。武士は首をねじ切られたのだ。ドサッと胴体が地面に落ちた。彼女の手には、死ぬ寸前の壮絶な痛みで惨く顔をゆがませた武士の頭部が、ぶら下げられていた。

巴御前は、その頭を無造作に投げ捨てた。そしてジロリとまわりを一瞥した。

その場にいた全員が、凍りついた。

義仲も、恐怖で息を呑んだ。

彼女はゆっくりと振り返った。その方向には、呆然と立ち尽くして目を離せないでいる義仲の姿が、あった。

周りを囲む義経の軍勢は、恐怖のあまり誰も手を出そうとしない。すると彼女は、義仲のほうにまっすぐに向き直り、ゆっくりとその場で甲冑を脱いだのである。

そして、それを地面に置くと、そのまま独り馬を走らせ去っていった。

「家臣」として捨てられた巴御前が、「女軍」としての最後の意地を、見せつけたのである。

最強の家臣の巴御前を自ら手放した義仲は、雑兵に首を取られ、惨めな最期を遂げる。

我が国に古代から存在し続けた女軍の何たるかを知らず、浅薄な「男女格差の思想」で巴御前を切り捨てた男の哀れな末路であった。


さて、『平家物語』で語られている巴御前のドラマは、ここまでである。

だが、別の史書によると、彼女はこの後も生き延びたようだ。

伝手《つて》のあった越中《えっちゅう》（現・富山県）石黒に身を寄せ、尼となって、九十一歳という驚異的な高齢で天寿を全うしたという。

また、別の伝聞では、源頼朝の家臣の和田義盛が、武勇の誉れ高い彼女に一目惚れし、頼朝に願い出て、巴御前を娶ったという話もある。

源平争乱の激動の時代を駆け抜けた「史上最強の女軍」巴御前。

彼女は、まさしく文字どおりの意味で「戦う」ことによって、自らの人生を燃やし尽くした女性であった。

（おもな参考史料『平家物語』『源平盛衰記』）

■坂額御前《はんがくごぜん》――巴御前に並ぶ女軍（生没年未詳・平安時代末期から鎌倉時代初期）

平安時代末期から鎌倉時代にかけて活躍した女軍として、巴御前と双璧をなす、まさに「武士の時代初期の女軍のツー・トップ」と目されるのが、坂額御前である。

巴御前は『平家物語』『源平盛衰記』などの文学作品に多く記され、それだけに書き手の脚色も多いと思われる。

が、対して、坂額御前は、鎌倉幕府公認の史書である『吾妻鏡《あずまかがみ》』に記されている人物なので、その活躍のほどは、信憑性《しんぴょうせい》が高い。

坂額御前は、越後《えちご》（現・新潟県）を本拠地とする平氏方の豪族であった城家《じょう》の生まれだ。城家は、鎌倉幕府が開闢したのちも、平氏の残存勢力として「鎌倉幕府打倒」を掲げ、反乱軍として幕府相手に奮戦した（建仁《けんにん》元年〈一二〇一〉「建仁の乱」）。

坂額御前は、巴御前と同じように「かなりの美人だった」と記録されている。が、その大きな特徴たるや背丈の高さであった。

なんと一説によれば、六尺二寸あったという。これはメートル法に照らすと、約一八八センチということになり、かなりの大柄の女性だったらしい。

城家は、鎌倉幕府の攻撃を受けて、籠城戦を余儀なくされる。

ここで坂額御前は、矢倉の上に堂々と立つや、矢継ぎ早に、幕府軍めがけて、次々と矢を放った。

彼女は、城家の男の誰よりも弓の名手で、まさしく弓の天才であった。その剛力の腕から放たれる矢は、百発百中。幕府軍の将兵は、バタバタと倒れていった。

この彼女の弓の腕前については、『吾妻鏡』にも記されているから、まず史実であっただろう。

もっとも、衆寡《しゅうか》敵せず。

弓を構える坂額御前『大日本史略図会』より安達吟光作（明治18年以降）

幕府軍の「数にモノを言わせた攻撃」に、ついに城家の城は陥落。坂額御前も傷を負い、捕われの身となった。

ところが、ここからが坂額御前の、女軍としての面目躍如たるところなのだ。

坂額御前は、敗軍の将となった城家の武将たちとともに、鎌倉に護送された。そして、当時の鎌倉幕府第二代将軍・源頼家《みなもとのよりいえ》の前に、捕縛されて引き出された。

「坂額とやら。そなた、ずいぶんと我が軍を手こずらせてくれたそうよの。だが、こうなっては、手も足も出せまい」

頼家は、勝ち誇った顔で坂額御前を見下ろした。

ここで、涙の一つも流して命乞いをすれば、なにぶんにも女性の身、頼家も助けようと思ったやも知れない。

だが、坂額御前、キッと頼家をにらみ返し、さらには周囲に居並ぶ鎌倉幕府の要人たちをグルリと、にらみ回した。

「なんの。武運つたなく捕われはしたが、心根までは幕府になど屈せぬわ。とっとと我が首を刎《は》ねるが、よろしかろう！」

愕然《がくぜん》とする頼家。だが、家臣団の前で将軍としてのメンツもある。

「どこまでも、ふてぶてしい女子《おなご》よ。そこまで言うなら望みどおり、討ってくれるわ！」

「お待ちください。将軍」

ここで進み出たのが、甲斐《かい》国（現・山梨県）の源氏の武将・浅利義遠《あさりよしとお》である。

「この女子、それがしの妻に迎えとうござる。なにとぞ、この願い、お許しくだされ」

義遠は、坂額御前の度胸に一目惚れしたのである。

「こやつは、謀反人の女じゃぞ。それを娶りたいとは、どういったつもりじゃ」

意外な申し出に頼家は訝しみ、義遠に問うた。

「は。これほどの剛力と胆力のある女。産む子もまた、頼もしい武士となりましょう。我が妻に迎え、男子をもうけて、幕府の御ために勤める息子を育てとうございます」

うまい理屈である。義遠は、なかなかアタマの回転が早い男だ。

これを聞いた頼家は、思わず大笑いしたという。

「なるほど。そうした仔細なら合点が行く。よい。許すぞ」

「ありがたき幸せ」

そう言って深々と礼をした義遠は、捕縛されている坂額御前のそばに寄ると、

「聞いてのとおりじゃ。どうか、わしの元へ嫁いでくだされ」

と、優しく頼んだ。

義遠の想いを、坂額御前も嬉しく受け取った。

「ふつつかものではございますが、どうぞよろしゅう願います」

こうして坂額御前は、浅利家に嫁いで、甲斐国に移った。

坂額御前は、こののちの生涯を甲斐で過ごした。そして、一人の娘を産んだ。だが、男子を産むことはできなかった。

もっとも、義遠の愛は変わることはなかったようである。

現在、山梨県の笛吹《ふえふき》市には、坂額御前の墓所と伝わる「坂額塚」がある。


（おもな参考史料『吾妻鏡』）

第三章　武士の時代の女軍たち（2）

大分市に建つ妙林尼（右上）、群馬県沼田公園の真田信之と小松姫（左）、京都府宮津市に建つ細川ガラシア（右下）

女軍部隊の存在

鎌倉時代から室町時代にかけては、巴御前や坂額御前のような女軍の華々しい記録は、ほとんど見当たらない。

元来が、八世紀以降は「戦闘は男の役割」という文化が我が国にも根付きつつあったから、そうそう女軍が活躍する場は、なかったであろう。

だが、まったくいなかった、というわけでもなかった。

南北朝時代の公卿《くぎょう》であった洞院公賢《とういんきんかた》（一二九一〜一三六〇）の日記『園太暦《えんたいりゃく》』に、実在した「女軍部隊」についての記述がある。

南北朝争乱の時代。文和《ぶんな》二年（一三五三）六月。

南朝側の大名が呼応して連携し、足利将軍家と敵対して京都を攻めた。

この時の南朝側に付いていた山名時氏の軍勢について『園太暦・第二十一巻』では、文和二年六月三日付の記事として、次のように記している。

――今日聞く、山名勢猛からず。七、八百騎か。そのうち女騎多し。これ何事や云々《うんぬん》。昨日の風聞に、四千七、八百騎かのむね謳歌。今日聞くところに似てのほか減少。

（山名の軍勢は、あまり猛々しくない。その数は七～八百ほどだが、その中に「女騎」が多い。これは、なんと驚くべきことだ。もっとも、昨日のうわさでは、四千七、八百騎の大軍だったという。実際はずいぶんと少ないものだ）

この記述にある「女騎」とは、足軽（歩兵）ではなく騎馬武者の女軍のことである。甲冑に身を包み馬にまたがる凛々《りり》しい女軍たちが、山名軍には、かなりの数いたようである。

この記述からすると、この時代にはすでに騎馬武者の女軍が、珍しいながら、それなりに、存在していたことが分かる。

この戦いで、南朝側はいったん京都を占拠した。山名家の女軍たちは、はたしてどんな奮戦を果たしたのだろうか。

戦国時代の女軍

一般に「戦国時代」と言うと、室町時代中期に全国規模の戦乱状態となった「応仁《おうにん》の乱」（一四六七～一四七七）から始まり、織田信長《おだのぶなが》、豊臣秀吉が活躍した安土桃山時代を経て、徳川家康が豊臣家を滅ぼし、江戸幕府を開いた頃までを、指す。

この間、約百五十年。我が国は戦乱に明け暮れ、各地の豪族、領主、大名たちが覇権を争った。

もちろん、この時代の「戦闘者」は男性が中心である。しかし、戦場で雄々しく戦う女軍も、じつは少なくなかった。

当時の女軍には、三つのタイプがある。

まず、一つ目として、戦闘の「後方支援」をする女性たちである。

その役割にはいろいろあって、兵士たちの食糧を作る、いわゆる「飯炊き係」に始まり、さらには、鉄砲の銃弾作り（丸い鉛の玉を鋳型で量産する）、そして、味方が討ち取った敵将の首を洗う仕事などが、あった。

戦国時代後期に籠城戦を戦った女性が、江戸時代になってから、当時の思い出を語った記録がある。

『おあむ物語』という。

語り手である女性の「おあむ」は、山田去暦《きょれき》という武士の娘であった。山田家は「関ヶ原の合戦」の頃、石田三成の配下として一家総出で、大垣城（岐阜県）に入城。戦闘に参加した。

『おあむ物語』によると、籠城した女性たちは、戦場から城に届いてくる敵将の首を洗い、わざわざ歯を黒く染める「御歯黒《おはぐろ》」を施すのが、仕事だったという。

身分の高い武将は御歯黒をするのが当時の慣例だったので、討ち取った者の手柄を、より立派に見せるためだ。ちょっとずるい話である。

ちなみに、『おあむ物語』は大垣市のプロデュースで、平成三十年（二〇一八）にアニメ化され、インターネットで配信されている。

（おもな参考史料『おあむ物語』）

鉄砲と女軍の戦闘参加

次に、二つ目のタイプとしては、女軍の軍団（チーム）として前線に直接出ていくものだ。

これは、戦国時代の後半、鉄砲（火縄銃）が伝来して、戦闘武器に使われるようになったことが大きい。

鉄砲は、男性より非力なふつうの女性でも扱える武器なので、鉄砲を装備した「女軍部隊」が、戦場で活躍した。

我が国に鉄砲が伝来したのは、天文《てんぶん》十二年（一五四三）と伝わっている。斎藤道三、織田信長など、先見の明があった戦国大名は、この鉄砲の威力の大きさをいち早く見抜き、こぞって鉄砲の装備に力を入れた。そんな背景から鉄砲を持った多くの女軍が、積極的に戦場に出るようになった。

そんな女軍たちが集団で戦った証拠の一つとして、北条氏政と武田勝頼が天正八年（一五八〇）に戦った古戦場にて発掘された遺骨群の研究が、ある。

そこは、現・静岡県沼津市の「千本松原」という地だ。

ここに、この戦の戦死者を合祀した塚がある。これを人類学者の鈴木尚氏が調査した結果、少なくとも一〇五人分の遺骨が発掘された。さらに、それらを分析したところ、その約三分の一が女性のものだったという。

遺骨には、明らかに至近距離から発砲されたものも多く、戦場で華々しく散っていった女軍たちの姿が偲《しの》ばれる。

■池田せん——二百人の女鉄砲隊を指揮（生没年未詳・戦国時代）

織田信長の家臣団の中で重鎮の一人だった武将に、池田恒興《つねおき》という人物がいる。彼の母親は信長の乳母だったので、つまりは、信長とは乳兄弟だったわけである。で、この恒興の娘が、たいへん優秀な女軍であった。それこそが池田せんである。

戦国大名のメンタリティでは、表面上はともかく、実質は「男女格差」の感覚はまだまだ薄くて、家の跡継ぎに男子がいない場合、娘に家督を継がせることは奇異ではなかった。

事実、女城主として名を残している者も数人いる。

池田せんもまた、一時期、城主を務めていたらしい記録がある。豊臣秀吉が発給した書状に「池田せん　一万石」と記されたものがあるのだ。

この池田せんは、また、女軍の鉄砲部隊を率いていた。その数、なんと二百人。

馬上のせんから「撃てー」と号令一下、二百丁の鉄砲が一斉に火を吹いたのだ。戦場でこれだけの数の鉄砲が攻撃に加われば、かなりの威力である。

この「池田せん鉄砲隊」の記録としては、天正十一年（一五八三）の「賤《しず》ヶ岳《たけ》の合戦」での活躍がある。

これは、信長が明智光秀の謀反「本能寺の変」によって倒れたのちに、織田家の家臣団が分裂して争った、言わば〝身内の争い〟だ。光秀を討ったのち、さらにこの戦いの勝者となった豊臣秀吉（当時・羽柴秀吉）が「天下人」の道を歩む大きな起点となった戦いである。

池田恒興は秀吉側に付いていたので、せんの鉄砲隊も池田軍の陣の一翼を担っていた。彼女らの鉄砲が火を吹いたのは、合戦も終盤の岐阜城の攻略戦である。

ところが、その攻撃目標というのが、同じく城を包囲していた味方の織田信雄《のぶかつ》の陣。

「女に攻撃されるとは、恥辱！」

というような信雄の強がりの言葉が残っている。

つまりは、この時、信雄はせんの攻撃で死ななかったわけで、せんも、本気で信雄の生命を狙ったわけではなかったのだろう。信雄と言えば、信長の息子ながら、信長に勘当されかけたことさえあるほどの〝愚将〟と伝わっている男。この戦場でもアタフタしていたため、業を煮やしたせんが、

「しっかりしなさいよ」

とばかりに、ハッパをかけるつもりで、バンバンとやったのかも知れない。

せんの率いる女軍の鉄砲隊は、この合戦に先立つ「山崎の合戦」(天正十年)や、このちの「小牧《こまき》・長久手《ながくて》の合戦」(天正十二年)にも、秀吉軍の一陣として参戦したようである。「小牧・長久手の合戦」では、織田信雄が敵に回っていたので、この時ばかりは遠慮なく撃ちまくったことだろう。

しかし、この「小牧・長久手の合戦」で父の池田恒興と夫(猛将で知られる森長可《もりながよし》)を失い、せんは大きな失意に陥ったらしい。これ以降、彼女の戦場での活躍の記録は見られない。

晩年は、実家の池田家と嫁ぎ先であった森家の安定存続のため、心をくだく日々だったようである。

秀吉には、最後まで忠義を尽くした。

ところで、戦国時代の末期、鉄砲が幅広く用いられるようになっても、一部の武将たちは、鉄砲を使いたがらなかった。

一つ目の理由としては、鉄砲によって敵を討ち取っても、たいてい接近戦にはならないため手柄の証明がしづらかったことである。

戦国時代末期から江戸時代初期にかけて生きた不世出の大剣豪・宮本武蔵も、晩年の著書『五輪書』の中で、

「鉄砲の弾丸は、矢と違って速すぎるため、弾道が視認できず、敵に当たったことが確認しづらいので、良い武器とは言えない」

といった意味のことを述べている（「地之巻」兵法に武具の利を知と云事）。

また、もう一つの理由としては、鉄砲が普及し、女軍の鉄砲部隊が増えるにしたがって、あまり理性的でない野卑な武士たちのあいだに「鉄砲は女が使う軟弱な武器」というイメージが、根付いたからのようだ。

たとえば、戦国時代末期に、しょっちゅう戦場で勝手な振る舞いを行い、そのたびに主君の勘気をこうむって流浪の身となることを繰り返した変わり者の武将で、塙直之《ばんなおゆき》という男がいる。

彼は、あの「関ヶ原の戦い」では徳川側に与《くみ》した名将・加藤嘉明《よしあき》に「鉄砲隊」を任された。が、この〝人事〟が気に入らなかったようで、鉄砲を使わず、勝手に配下の足軽たち

を突撃させた。当然、嘉明からは、のちに大目玉を食らっている。

武功を求める一匹狼タイプの戦国武将は、どうにも「鉄砲など、いっぱしの武士が使う武器ではない」といった浅はかな考えがあったようである。

直之は、のちの「大坂の陣」では出世目的で豊臣側に付いたものの、やはり鉄砲隊を任されて、

「こんな女の武器で戦えるか！」

とばかりに反発し、独り戦場に突っ込んで、あえない最期を遂げた。

なんとも、浅薄で偏狭な男で、つまらない「男のプライド」のために生命を落としたわけである。

だが直之の言動を裏返せば、当時、女軍の鉄砲隊がかなり一般化していた——という事実の証とも捉えられる。

もちろん、男の武士集団も、多くが鉄砲を用いていた。実際、この「大坂の陣」では、名将中の名将たる、あの伊達政宗と真田幸村の軍勢が、それぞれ鉄砲隊を軍勢の中核に据えて衝突し、大銃撃戦を繰り広げている（「道明寺《どうみょうじ》・誉田《こんだ》の戦い」）。

目の利く武将から見れば、鉄砲は、まさしく当時の最新にして強力な武器だったのであ

る。

それにしても、こうした「鉄砲イコール女軍の武器」というイメージが定着したのも、せんの部隊の活躍が、のちのちまで語り草となり、女軍の鉄砲部隊が全国に広まったからであろう。

（おもな参考史料『当代記』）

戦う姫たち

「後方支援の女軍」「鉄砲部隊の女軍」とつづいて、残る三つ目の女軍は、まさしく、あの巴御前の後継とも言える、独り戦場で大立ち回りを演じた女軍たちである。

このタイプは、だいたい女城主か、城主の夫人、あるいは娘（姫）であって、つまり身分が高く、ふだんは派手やかな着物に身を包み、城内でしとやかに過ごしていた。が、いざ戦となれば、甲冑に身を包み、馬を駆って戦場で敵と雄々しく対峙した。

そんな美しくもたくましい女軍たちを、幾人か紹介していこう。

■鶴姫《つるひめ》——瀬戸内のジャンヌ・ダルク（一五二六?～一五四三?）

戦国時代後期の一五〇〇年代中頃、瀬戸内海の海戦で大活躍をした姫君に、鶴姫という名の、うら若き女軍がいた——という伝説がある。

瀬戸内海の海戦と言えば、ご存じ、この海域一帯を大軍船団で支配していた「村上水軍」の名が、まず思い起こされるだろう。

「村上水軍」の名は、南北朝時代の記録に、すでに見られる。早い話「海賊」である。が、略奪ばかりをやっていたわけではなく、中国地方や四国の大名の配下になって海戦の戦場に出たり、この海域の航路の警備をしたり（当然、通行料や用心棒代はガッポリ取るが）、また平時には漁業で生計を営むなど、つまりは「海に生きる集団」であった。

で、この村上水軍は、一枚岩というわけではなく、大きく三つのグループに分かれていた。「能島《のしま》村上家」「因島《いんのしま》村上家」「来島《くるしま》村上家」という。

それぞれ違う大名の配下となって、村上水軍同士で戦うことも、あった。

さて、くだんの鶴姫は、大三島《おおみしま》（現在の愛媛県に属する瀬戸内海の有人島）にある「大山祇神社《おおやまづみじんじゃ》」の大宮司の姫である。この神社は、全国にある大山祇神社の総本社で、由緒ある神社だ。

鶴姫の生家・大祝《おおほうり》家は、神社を預かる宮司であるとともに、男子は武芸を学ぶ武家的な家でもあった。

一方、当時の瀬戸内海を統治していた河野《こうの》家が、来島村上家と手を組んでいて、この河野家に、大祝家は仕えていた。

要するに、鶴姫は「来島村上水軍」の一員なのだ。

やがて、この時代に周防《すおう》（現・山口県）をはじめとして西国一帯を支配下に治めていた大大名の大内家が、瀬戸内海にも、その侵攻の手を伸ばし始めた。

そして、大内家は「因島村上家」を抱き込んで、大三島に攻め込んできた（ちなみに、「能島村上家」は、安芸《あき》〈現・広島県〉の大大名・毛利家に付く）。

「兄上。こたびの戦、嫌な予感がいたします。くれぐれも、御身、大切にしてくださいませ」

「なんの。鶴。心配せずともよい。因島の連中など、この海の藻屑《もくず》にしてくれよう。そなたは、婚儀も近い。戦のことなど気にかけるな」

鶴姫の兄である大祝安房《やすふさ》（次男）は、カラカラと笑って、心細げな鶴姫を努めて励ました。

「いいえ。いざとなれば、この鶴も戦に出ます。それがための、我が甲冑にございます」

「うむ。兄上がくだされたあの甲冑は良い。細身のそなたに、よう似合う」

鶴姫は幼児の頃から頑強ですばしこく、父親の大祝安用《やすもち》は、むしろそんな鶴姫を、ことのほか可愛がった。兵学を教え、姫が望むままに武芸の稽古も付けてやった。

もっとも、宮司の娘である鶴姫は巫女《みこ》となるのが本来の道であり、武芸の鍛練は、趣味半分の余技に過ぎなかった。

鶴姫は背丈が高いわりに、細身である。ふつうは、女軍も男性と同じ甲冑をまとう。が、鶴姫の場合、ウエストが細く、ふつうの甲冑を着けると、

「なにやら、腹のあたりがスースーして、覚束《おぼつか》のうございます」

と、不平をこぼした。

父の安用は、なにしろ鶴姫を〝猫ッ可愛がり〟していた。彼は鶴姫が八歳の時に亡くなっていたが、そんな父の遺志を想って、大宮司を務めていた鶴姫の兄（長男）の安舎《やすおく》が、

彼女の体形に合った、ウエストの細い鎧を特注して、あつらえてくれた。

高級な材質と細やかな造形による一品モノで、デザインも、優美な室町時代風のものに似せた。鶴姫は、大喜びして、何かといえばその鎧を着けて、美しい着物を着飾るような気分で楽しんでいた。


ちなみに、この「ウエストの細い鎧」は、実存する。

こんにちの大山祇神社が所蔵する重要文化財の一点で、名称を「紺糸裾素懸威胴丸《こんいとすそすがけおどしどうまる》」という。

ウエストが細いばかりでなく、胸部までしっかりと保護する形状で、しかも、その胸部をふくらませて作られている。まるで女性の乳房を守るかのようなデザインである。

大山祇神社は、これこそが「鶴姫の鎧」だと語り伝えている(もっとも、歴史学的確証はない)。


ところが!

「安房様、討ち死ににございます!」

大三島・大山祇神社所蔵の鶴姫の鎧

兄の戦死の悲報が、大祝家に届いた。

「我が予感が当たったのか。あれは三島大明神様のお告げであったのか……」

鶴姫は、悲嘆にくれるより先に、兄を無造作に出陣させた後悔で、身体を打ち震わせた。

「我が鎧をこれへ！　わらわが出陣いたす」

鶴姫、この時、わずかに十六歳である。

「大内の者ども、一歩たりとも、この大三島に足を踏み入れることは許さぬ。海の向こうへ打ち払うのじゃ」

「姫様。それは、あまりに危のうございます」

仕える女官たちがいっせいに止めた。

だが、鶴姫、すかさず特注の甲冑を慣れた手つきで着込むや、愛用の長刀《なぎなた》をブンと一振りすると、馬にまたがり、海岸の陣へと駆っていった。

「姫様じゃー！」

海岸の防戦で大将を失い、落胆していた大祝軍は、この鶴姫の雄姿を見るや、再び奮い立った。彼女は、なによりも味方を鼓舞するため、甲冑姿で飛び出したのである。

「大内は、因島村上の大水軍を、今にも差し向けようとしてございます。姫様、いかがすれば……」

不安げに問いかける将に向かい、鶴姫は、不敵とも取れる笑みを浮かべて見せた。

「わらわに考えがある。わらわが女子だからこそ為し得る策じゃ」

鶴姫は、こう言うと、腕の良い船乗りと脚の速い小船を一艚、用意させた。そして自ら船に乗り込むと、赤々と美しく染め上げた布を甲《かぶと》の上から、かぶった。

「船を出せ」

向かうは、大内家に雇われた因島村上水軍の大将船である。

「おい。あれに見えるは、遊女じゃ。こんな海に出てくるとは、よほど男が恋しいと見えるわ」

敵は、赤い布に包まれた女性の影を見て、遊女が〝商売〟に来たと思い込み、大喜びした。男というものは、いつでもこんな時の反応は同じものである。

小船はゆっくりと、大将船に近づいてくる。

敵は、すっかり油断している。

と、そこへ！

布を放り上げるや、鶴姫はバッと敵船に飛び乗り、あっという間に敵将を討ち取った。水軍育ちの姫である。波に揺れて足場の悪い船上でも、見事な長刀捌《さば》きであった。

「われは、三島大明神の使いなり。刃向かう者には神罰をくだす！」

と、啖呵《たんか》を切った鶴姫。すぐさま、二人、三人と斬り伏せる。

「よし。いったん退くぞ」

鶴姫は、船上の敵が呆気《あっけ》に取られている中、素早く乗ってきた船に飛び戻ると、すぐさま敵船団から離れた。

「今じゃ。放てー」

鶴姫は、味方の船団までたどり着くや、大声で命じる。

たちまち火矢と焙烙玉《ほうろくだま》（土器の玉の中に火薬を詰め、投げる武器。当時の簡単な手榴弾。村上水軍の十八番の武器だった）が、数限りなく打ち放たれ、大内軍は、ほうほうの体で撤退した。

この後も、戦いは一進一退。二度の進軍に失敗し、業を煮やした大内家の当主・大内義《よし》隆《たか》は、ついに、これまでにない大船団を大三島に差し向けた。

大祝家は必死の防戦を試みたが、多くの将兵が倒れた。

「これまでじゃな……」

安舎は、大内家との和睦話を進めた。

だが、鶴姫はこの和睦に反対し、徹底抗戦を訴えた。

そして残存勢力を集めると、海岸に停泊中の大内軍に夜襲を仕掛けた。鶴姫たちの攻撃で、船団は燃え盛り、夜の海が業火に包まれた。

けれど、鶴姫にも、戦いの大局は見えていた。

「大祝家の女として、できることはすべて、やり切りました。大三島は、戦火からも、臆病者という烙印《らくいん》からも、逃れられたのです。

皆のもの、よくぞ今日まで、わらわに付いてきてくれました。あとはそれぞれ、家族のもとにお帰りやれ」

「姫様は、いかが、なさるおつもりで……」

「わらわには、祝言が待っておる」

鶴姫は、寂しそうに笑った。

彼女と婚姻の約束をしていた武将の越智《おち》安成《やすなり》は、大内家との絶望的な戦いの中ですでに討ち死にしていた。

「安成様。今、鶴が参ります」

鶴姫は、そうつぶやくと、一艚の小船を出させた。

そして沖まで行き、独り海へ身を投げた。

享年、十八だったという。


大三島の鶴姫伝説は、こんにち地元の人々に語り継がれている。こんにちふうらしく「瀬戸内のジャンヌ・ダルク」という二つ名で、呼ばれている。

伝説の「海の女軍」。大三島の鶴姫。

彼女の勇ましさと哀れな最期は、今も多くの人々に慕われている。

わが恋は　三島の海の　うつせ貝
　むなしくなりて　名をぞわづらふ

鶴姫、辞世の歌と伝わるものである。

（おもな参考史料『大祝家記』）

■もうひとりの鶴姫（一五四三〜一五七五）

大三島の鶴姫は、勇敢な女軍でありながら悲恋のヒロインとして、こんにち名が広く知られるようになった。

ところで、この「鶴姫」という名は、江戸時代までの武家の娘の名としてはわりとポピュラーなもので、記録に残っているものだけでも十人以上を数える。

そんな中で、女軍として壮絶な戦いをして果てた、もう一人の有名な鶴姫が、存在する。

戦国大名・上野《うえの》隆徳《たかのり》の妻である。


岡山県に「常山《つねやま》」という小高い山が、ある。

標高三百メートルほどの山だ。その山に、今は朽ち果てている城跡がある。

これは、かつて「常山城」と呼ばれていた城の跡である。常山城は、戦乱の歴史の中で幾人かの戦国大名が城主として移り住んだが、江戸時代に入って、初代の備前岡山藩主となった池田忠継《ただつぐ》が廃城とした。

だが、この城跡には、今なお三十四基の供養塔「常山女軍《じょぐん》の墓」が、建てられている。

鶴姫をはじめ、彼女に率いられた女軍たちが眠る塔である。


天正三年(一五七五)。

この地で戦があった。「備中《びっちゅう》兵乱」と呼ばれる。

当時、備中国は、戦国大名の三村《みむら》家が治めていた。三村家は、大大名の毛利家の後ろ楯を得て、勢力を拡大していった。

ところが、さまざまな遺恨や裏切りが重なり、三村家の当主・三村元親《もとちか》は、毛利家を裏切ってしまう。そして、当時、破竹の勢いで力を付けていた織田信長に内通する。

これを知った毛利家は当然、この裏切りを許さなかった。三村家の本拠地である「備中松山城」を攻め落とした。この戦いで、三村元親は自害して果てた。

だが、戦いはこれで終わらなかった。

毛利軍は、松山城を落としたあとも、三村家にゆかりのある城を次々と攻めていった。なにしろ、当時の中国地方一円を手中にしていた大勢力の毛利軍である。幾つもの城が、アレヨ、アレヨという間に落とされていった。

そして、三村家ゆかりの最後の城となったのが「常山城」だったのだ。

常山城主の上野隆徳は、三村元親の妹である鶴姫を、正室に迎えていた。夫婦仲はとても睦まじく、三村家も、縁戚となった上野家を頼りにしていた。

毛利軍は、徹底的な「三村家掃討作戦」に突き進んだ。

常山城は、毛利の大軍勢に囲まれた。その数、三六〇〇。もはや手勢をほとんど失っていた上野家に、万に一つの勝ち目もなかった。

「これもまた、戦乱の世に身を置く者の運命じゃ。義兄たる元親殿も、すでに腹を召された。我ら上野一族も、敵に醜態をさらす前に潔く果てよう」

上野隆徳は、身内一同にこう告げた。

この備中の上野家は、足利家の血を引く名家で、成り上がりの戦国大名などとはタイプが違い、家名を何より尊んだ。それだけに、潔く自害する道を選ぶのに躊躇《ちゅうちょ》はなかったようである。

彼らの最期は、凄惨をきわめた。

まず、隆徳の継母が、

「子らの最期を見るには忍びない。わらわが先に逝かせてもらう」

と、自らの胸を串刺しにして果てた。

隆徳の嫡男・隆秀は、父に心残りをさせまいと先に腹を切り、隆徳に介錯してもらった。

隆徳は、八歳になる次男も、また自らの手で討った。十六歳になる隆徳の妹は、自らの胸を貫いた。

ところが、妻の鶴姫だけは、すぐに自ら生命を断とうとは、しなかった。

「殿。戦の勝敗は、確かに決しております。しかしながら、敵に一太刀も浴びせず果てるは、武門の家に生まれた者としては、あまりに口惜しゅうございます。なにとぞ、なにとぞ、我が出陣をお許しくださりませ」

女の身ながら、城を打って出ようというのである。

彼女は、まさしく「女軍の魂」を持つ者だった。だが、女一人で飛び出したとて、雑兵の手に掛かり、辱めを受けた上に惨く殺されるのがオチである。

「ならぬ。奥を、そのような哀れな死地に赴かせること、許せぬ」

「殿！　なにとぞ！」

「奥方様！　我らも最後までお供させてくださりませ」

この話を聞いた鶴姫の侍女たちも、口々に鶴姫の出陣に志願した。その数、鶴姫を合わせて三十四人。彼女らの目は、決死の覚悟に燃えていた。

「女とは、これほどに強いものか」

隆徳は、今更ながら心を打ち震わせた。

もはや止めても無駄であろう。

「許す。我が上野の武勇、心置きなく毛利の者どもに見せつけてやれ」

「ありがたき幸せ！」

鶴姫は、すかさず甲冑を身に付けると、太刀を腰に差し、愛用の白い柄の長刀を小脇に抱えた。彼女に続く侍女たちも、それぞれが長刀を持った。

「いざ！」

足早に城から飛び出した女軍たち。

だが、その数は四十人にも満たない。誰もが死を覚悟していた。それでも、せめて一太刀、敵に浴びせて意地を見せたい。

突っ込んでくる彼女たちを見た毛利軍は、驚いた。少数部隊ながらその鬼気迫る勢いに、前面の部隊は「敵襲じゃー」と、大騒ぎとなった。

だが、

「おい。あれは女子どもぞ」

「なめおって。討て、討て」

所詮は、たかだか長刀を持つだけの非力の女性たちである。哀れ、次々と討ち取られていく。そんな中、鶴姫は奮戦し前に出ると、

「我こそは、上野隆徳が正室にして、三村家親《いえちか》が娘、鶴！　そこにおわすは、毛利軍の将とお見受けする。いざ、尋常に勝負！」

と、目の前に立つ馬上の武将に一騎討ちを挑んだ。

この敵将は、名を乃美宗勝《のみむねかつ》という名将である。

宗勝は、驚く。

何が驚くと言って、単身、馬にもまたがらず、甲冑をまとった女性が長刀と太刀だけで挑んでくるのだ。

当時、織田信長は三千丁の銃を擁する自慢の鉄砲隊を持っていた。鉄砲は、すでに多くの戦国大名に広まっている武器で、女軍と言えば鉄砲を持つのが、ほとんど常識だった。ところが、この目の前の女軍は鉄砲を持っていないのだ。討ち取るのは、あまりにたやすい。

宗勝は、名将であるだけに、彼女を討ち取るのが忍びなかった。

「天晴《あっぱ》れなお心意気。我は、毛利家が家臣・乃美宗勝。されど、そこもとほどの方が敵の手に掛かって果てるは、かえって名を汚されよう。城へ戻り、潔くご自害あそばされるのが、よろしくはないか」

宗勝の想いに、鶴姫は感動した。

なにより、女であるおのれの名誉を気遣ってくれる宗勝の気持ちを、ありがたく思った。

「ご斟酌《しんしゃく》、かたじけない。これも何かの縁。

どうか、この父より譲り受けし太刀を、お受け取りくだされ。そして、わらわの菩提を弔ってくだされ」

そう言うと鶴姫は、太刀を宗勝に渡し、そのまま城に戻った。

「殿。戻りましてございます」

「うむ。よう戦ってくれた。上野の家名を、よう敵に轟《とどろ》かせてくれた」

二人は笑顔で見つめ合った。

こののち、鶴姫は喉に小刀を突き刺し、見事に果てた。

彼女の最期を看取《みと》った上野隆徳もまた、切腹して果てた。

こうして、常山城は落ちた。

鶴姫たち、この戦いで倒れた上野家の女軍の供養塔は、時代がずっと下った昭和十二年に建てられている。

今でも、地元には、この供養塔に花を手向ける人がいる。


（おもな参考史料『備中兵乱記』）

■富田《とみた》信高《のぶたか》の妻――十人の敵を討ち取る（生没年未詳・戦国時代末期）

慶長五年（一六〇〇）。

まさしく「天下分け目の関ヶ原の合戦」の年である。

徳川家康は、会津（現・福島県）攻めのため軍を率いて北上するも、石田三成が、その隙をついて徳川方を攻めることを知る。そして、急ぎ、三成と決戦するため軍を引き返すこととした。

この時、家康に率いられていた大名のほとんどすべてが、そのまま家康に与《くみ》し、三成の軍と戦うことを決意する。

さて、そんな家康軍（東軍）に付いた大名たちの一人に、富田信高という人物がいる。

こんにちの三重県にあった「安濃津城《あのつ》」の城主である。

安濃津城は、三成の軍（西軍）が進軍するコースにある。家康としては、なんとしても安濃津城を、自軍の要所として押さえておきたい。

「富田殿。そこもとは、急ぎ城へ帰って、守りを固めてくだされ」

家康にこう頼まれた信高は、

「内府《だいふ》殿。お任せくだされ」

と、東軍に先行して、急ぎ南下。城に戻ることとした。

そして帰路、西軍側の部隊との衝突もあったが、なんとか無事に、安濃津城に帰り着いた。

「皆のもの。三成の軍がほどなく、この城に攻め入ってくる。なんとしても防ぎ切るのじゃ。ほどなく家康殿が援軍に来てくれよう。手勢は少ないが、しばらくの辛抱ぞ！」

富田家は、かつて豊臣秀吉に重きを置かれて、秀吉の没後に遺品の刀まで賜った名門である。

こんにちでこそ「関ヶ原の合戦」は、「天下分け目の戦い」として、あたかも「徳川家 vs. 豊臣家」の前哨戦のイメージがある。が、当時は家康も三成も豊臣家の家臣であって、「関ヶ原の合戦」の実態は、言ってみれば「豊臣家臣団の内部抗争」に過ぎなかったのだ。

しかもこの時、豊臣家を牛耳っていた淀《よど》の方（秀吉の遺児・秀頼《ひでより》の生母）は、どちらかと言えば三成より家康を信頼していた。

したがって、信高が家康に付いたのも、当然と言えば当然だった。

かくして、この年の八月、安濃津城の攻防戦が始まった。

ところが、家康が派遣してくれるはずの援軍は、一向にやってこない。すでに、東軍本体から安濃津城に向かうルートは、西軍に押さえられていたのである。安濃津城は、完全に孤立状態となった。

西軍は、怒濤《どとう》の勢いで攻めてくる。その数、三万。対して、安濃津城の軍勢は、わずかに一七〇〇。あまりにも戦力差が大き過ぎる。

信高は、どこまでも運が悪い。

西軍が城下の寺に放った火が、風にあおられて一挙に広がり、城下の町は火の海に包まれた。

西軍は、城の外郭を打ち壊し、さらには、当時の最新兵器である大砲を打ち込んでくる。

安濃津城は、まさに風前の灯火《ともしび》であった。

「奥。我も城から出て、敵陣へ参る。奥は、城内の者を束ねてくれ。くれぐれも危なきことは、するな」

信高は、夫人にこう告げると、太刀を腰に差した。

「殿。どうかご武運を」

信高の正室は、西軍に与する宇喜多家の出の女である。だが、実家と敵対しても夫に尽くす健気で気丈夫な女性であり、信高とは鴛鴦《おしどり》夫婦だった。

出陣した信高は、太刀を振るい奮戦した。腕には覚えがある。西軍の兵を次々に討ち倒していった。

しかし、多勢に無勢。倒しても倒しても、敵は雲霞《うんか》のごとく現れ、襲いかかってくる。

「殿！　お討ち死に！」

ついに、安濃津城に、信高戦死の報が届いた。

「殿が！」

信高の正室は、一瞬、悲嘆に沈んだ。

が、ここからが、彼女の女軍としての面目躍如たるところだった。

「夫を失って、おめおめ敵に捕えられるくらいなら、わらわも戦って、殿の後を追います！　わらわに甲冑と馬を！」

信高の正室は、側近の者に大声で命じた。

もはや覚悟を決めていた周囲は、彼女の熱い想いを察し、止めようとはしなかった。

こうして、彼女は一人、馬を駆って城外へ飛び出した。

ところが「信高、戦死」は誤報だった。

信高は、未だ生きていた。しかし、敵に囲まれ、雑兵たちに串刺しにされる寸前だった。

「もはや、これまでよの」

信高が死を覚悟した、その時！

「殿ーっ」

一人の若武者が駆け寄ってきた。

その者は、信高を囲んでいた十人はいるであろう敵兵を、バッタバッタと手に持った槍で突き伏せた。

その華麗な槍捌き。信高は呆気に取られるより、思わず見とれてしまった。

若武者は、さらに、

「殿。これを」

と、腰に差していた新しい太刀と、弓矢を信高に差し出した。

「うむ」

血糊がベッタリ付いて使い物にならなくなった太刀を投げ捨てた信高は、ビュンと一振り受け取った太刀を振るうと、狼狽《ろうばい》する周りの敵兵を斬り伏せた。と、思う間もなく、矢をつがえ、敵を射貫《いぬ》く。

若武者は槍で敵を突きながらも、すぐさま次の矢を信高に渡す。その連携プレーの見事さ。流れるような二人の戦いぶり。

こうして敵陣を切り抜けた信高と若武者は、ついに城内に帰り着いた。

信高は若武者に、

「誰かは存ぜぬが礼を申すぞ。天晴れな戦いぶりであった。いずれ相応の褒美を取らす」

と、笑みを浮かべて若武者をねぎらった。

ところが、若武者は涙をポタポタと落とし、

「褒美など……。殿が生きていてくだされたことが、何よりの喜びにございます」

と、先ほどの勇猛ぶりが嘘のように、膝を落として泣きじゃくった。

「奥っ。奥か？」

ここで初めて信高は、自分を救ってくれた者が、我が正室だと悟った。

「殿が討ち死になさったと聞き及び、私も死地を求めて、出陣したのでございます。ですが、ご無事だった殿を見た時の我が喜びは、天にも昇るようでございました。なん

としてもお助けせねばと、ただそれだけの我が想いが、槍を振らせたのでございます」

「そうか……そうか……」

信高は、彼女を強く抱きしめた。


こののち、西軍は力押しの愚を悟って、信高に降伏勧告をする。信高も「ここまで粘れば、東軍に益があった」と、勧告を受け入れ、かくして戦は終わった。

この安濃津城攻防戦は、のちに「東海の関ヶ原」とも呼ばれるようになる。

「関ヶ原の合戦」後、家康は、

「落とされたとは言え、よくぞ三万の西軍を足止めしてくれた」

と、信高をねぎらい、本領安堵のうえに二万石の加増をしてくれた。そして徳川幕府開闢後、信高は伊予《いよ》(現・愛媛県)宇和島《うわじま》藩の初代藩主となった。そののちは、戦火で消失した城下町の再建に尽力した。


この富田信高の夫人の奮戦ぶりは、『逸史』をはじめとした幾つかの歴史書の中の「安濃津城攻防戦」について記した部分で、述べられている。したがって、たいてい史実であろう。もっとも、肝心の彼女の名までは伝わっていない。

が、華麗な女軍だったということには、こんにち誰もが異存のないところだろう。

（おもな参考史料『逸史』）

■小松姫《こまつひめ》——真田幸村の兄嫁（一五七三〜一六二〇）

戦国時代末期のヒーローは数々おれど、その中で真田幸村の名を挙げることには、誰もが異論のないところだろう。

「大坂の陣」では豊臣方の最強の武将として、徳川家康の陣に襲いかかり、一時は家康に死を覚悟させたほどの人物である。

この幸村の真田家は、元は信濃の豪族であった。

戦国時代の末期には、当主の真田昌幸《まさゆき》（幸村の実父）がたいへんな戦上手で、天正十三年（一五八五）に徳川家康の軍七〇〇〇の攻撃に対して、わずか二〇〇〇の兵で勝利を収めた（「第一次上田合戦」）。

そして一躍、真田の名を天下に轟かせた。

家康は、なにしろ大局を見る目を持った人物なので、この敗戦後にかえって真田家を高く評価するようになった。当時、天下を握っていた豊臣秀吉は、真田家を徳川家の与力大名（大大名の配下の大名）とし、徳川家と真田家は、表面上は和解した。

さて、徳川家の家臣に、猛将で知られる本多忠勝《ほんだただかつ》という武将がいる。「徳川三傑」に名を列する徳川家臣団の重鎮である（三傑のほかの二人は、榊原康政《さかきばらやすまさ》と井伊直政《いいなおまさ》）。

家康は、真田家との結びつきを強くしたいと願った。そこで、この本多忠勝の娘を、いったん「徳川家の養女」として、そのうえで「徳川家からの輿入《こしい》れ」という形で、真田家に、この娘を嫁がせた。

猛将・本多忠勝の血を引くこの娘こそが、小松姫である。

婚姻の相手は、真田昌幸の嫡男・信幸《のぶゆき》だ。

この小松姫、父に似て、かなり気丈な男勝りの女性であった。

家康としては、小松姫と信幸の「度胸試し」のつもりだったのだろう。信幸のほかに若い家臣の武将を数名揃えて、ズラリと城の座敷に並べ、小松姫にこう告げた。

「そなたは、この家康の娘として嫁ぐ。じゃが、相手はそなたの自由じゃ。ここに居並ぶ者より、嫁ぎ先を選ぶがよい」

ここで小松姫はとんでもない行動に出る。

「では、おおせのままに」

と一言答えるや、居並ぶ若武者たち一人一人の髷《まげ》をグイとつかんで顔を引っ張り上げ、その相手をジッと見つめていくのである。

あまりにも豪胆きわまりない。そして、武士に対して無礼きわまりない対応だ。誰もが内心、驚くとともに怒りを覚えた。

だが、若武者たちは、彼女が「家康の養女」ということから、文句も言えない。されるがまま、悔しい気持ちを押し殺して耐えた。

ところが、信幸の番となった時。

小松姫が同じように、信幸の髷をつかもうとするや、

「御免！」

と、一言叫ぶとともに、信幸は小松姫の手を振り払った。そして、なんと、持っていた鉄扇で、小松姫の額を軽くパチンと叩いた。

いかな主君の養女とは言え、武士の髷をつかむなどの無礼は許さぬ——とでも言わんばかりに、信幸はそのまま、まったく臆せず小松姫をにらみつけた。

信幸は、どちらかと言うとクールな性格である。この婚儀話も「真田家のため」と、政略結婚であることを百も承知で、割り切って受けるつもりでいた。

しかし、その話と、武士への侮辱を見過ごすことは、まったく別のことである。

すると小松姫、

「ふつつか者にございますが、なにとぞ末長く、よろしゅうお願い申し上げまする」

と、座り直して手を揃え、深々と頭を下げた。

彼女は、信幸の誇り高さ、筋を通す実直さ、そして胆力に、惚れ込んだのだ。

二人はじっと目を合わせた。すでに心は通じ合っていた。

小松姫と真田信幸。

誇り高く、そして相手の誇りをも重んじる。

これぞ、戦国武士の魂。そして、似た者同士。信幸と小松姫は、婚儀の時から似合いの夫婦として、周囲に祝福され、羨まれもした。

天下人の秀吉の命令で家康配下となっていた信幸の父の昌幸は、内心、この処置をおも

しろく思っていなかった。ところが、いざ婚儀が済むと、小松姫の気丈さをいたく気に入って、

「息子には過ぎた嫁じゃ」

と喜び、小松姫を真田家の一員として大歓迎した（もっとも、当時、信幸にはすでに正室があった。だが、その正室は側室とあらためられ、小松姫は正室として迎えられた）。

こののち、夫婦は円満な生活を営む。二男二女にも恵まれた。昌幸は、この孫たちをたいへんに可愛がった。

しかし、歴史のうねりは、戦国武将に平穏な日常など、許さない。

天下人の秀吉が死去すると、天下分け目の「関ヶ原の合戦」が起こる。東西両陣営、真っ二つに分かれた豊臣家臣団の衝突である。

真田家は、徳川家の与力大名ながら、豊臣家にも恩義があり、また、石田三成の家と縁戚でもある。

東西どちらに付くか。

昌幸と信幸、そして信幸の弟の幸村は、下野《しもつけ》国犬伏《いぬぶし》（現在の栃木県佐野市）にて、父子で合議を持った。

侃々諤々《かんかんがくがく》の言い争いにもなったが、結局、昌幸と幸村は西軍に加わり、信幸は、そのまま家康の下で東軍側に与することとした。

父と子、あえて敵対する道を選んだのである。

それぞれ義理や縁がらみで、袂《たもと》を分かつ形となったのだ。が、じつは父子が分かれた理由は、それだけではない。

「これなら、東西のどちらの軍に勝ちが転んでも真田家は存続できる」

という、したたかな計算もあってのことである。

「わしは、家康殿に付く。父と弟に、戦場でまみえることにも、なろう。しかし、これも乱世の定めじゃ。奥。留守を頼むぞ」

出陣に臨んで、信幸は、小松姫の肩を抱き、こう頼んだ。

小松姫としても、ただの舅《しゅうと》という立場を超えて自分や自分の子らを可愛がってくれる昌幸や、自分を姉と慕ってくれる幸村と戦うなど、それまで想像もしていなかった。彼女には、あまりに残酷な運命だった。

けれど、夫の決断には従う。

夫が戦で城を出るなら、その城を守るために戦う。

それが、戦国大名の夫人の務めである。

「はい。確かに」

小松姫は、悲しみを押し殺して、しっかりとした返事を夫に告げた。信幸は、心底安心し、再び小松姫の肩を抱いた。

こうして信幸は、当時の真田家の本拠地である「沼田城《ぬまた》」（現在の群馬県）を出た。一方、昌幸と幸村は、軍勢を整えて西軍に合流すべく、真田家の古くからの城である「上田城」（現在の長野県）へと、向かった。

「今生の別れとなるやも知れぬな」

昌幸は出陣前に、どうしても孫たちの顔が見たかった。彼は本当に、孫を宝のように思っていた。

幸村とて、甥や姪は可愛い。上田城に入る前に沼田城へ立ち寄って、小松姫とその子らに別れを告げようと、二人は話し合った。

「大殿、ならびに幸村様。ご来城にございます」

「なんですと。舅殿が」

城門からの知らせを受けた小松姫は、一瞬、躊躇した。

「合戦を前に、きっと我ら母子に会いにきてくださったのであろう」

今更ながら、昌幸の愛情がうれしかった。

しかし……。

「我が夫が家康殿に付いたからには、三成に与するお二人は敵じゃ」

小松姫は、強く自分にそう言い聞かせた。

筋を通すことが、我が夫の信条。正室たる自分が情に流され、その筋を曲げることは許されない。

「わらわの甲冑を持て！」

小松姫は侍女に、自前の甲冑を運んでこさせると、手早くそれを着けた。いざとなれば、先陣に立って沼田城を守るつもりでいたのである。

そして小松姫は、甲冑姿で門に向かい、昌幸と幸村の前に立ち塞がった。

「舅殿。幸村殿。よくぞおいでくだされました。

しかしながら、我が夫・信幸は家康様に付いてございます。聞けば、お二人は、その戦相手たる石田三成にお味方するとのこと。

なれば、わらわと舅殿は敵同士。敵を城に入れるわけにはまいりませぬ。もし、どうしてもお通りになるとおっしゃるなら、及ばずながら、この小松、この身を挺してでもお阻みいたします！」

こう叫ぶと、キッと昌幸をにらみ、長刀をギュッと握りしめた。

だが、その眼は憂いに満ちていた。

昌幸も幸村も、小松姫の辛い胸のうちを察した。

「さようか……。いや、天晴れなる女軍ぶりよ。さすがは、我が真田家の嫁御じゃ」

昌幸は優しくこう告げると、沼田城にそのまま背を向けた。

「これを舅殿に」

その去っていく後ろ姿を見送った小松姫は、侍女に一通の書状を手渡し、昌幸を追って届けさせた。

その晩、昌幸と幸村は、沼田城の城下町にある寺に案内され、ていねいなもてなしを受けた。二人が杯をかたむけていると、

「おジジ様」

と、可愛らしい声とともに孫たちが、部屋に飛び込んできた。

全ては、小松姫の計らいであった。

小松姫は、この間も、城内の家臣たちに命じて武器を用意させ、臨戦態勢を整えている。夫に託された沼田城を、いつ西軍に襲撃されても撃退する覚悟であった。

この話を聞いた昌幸は、

「じつに見事な女軍殿じゃ。まさしく本多忠勝の血を引いておる」

と、小松姫の優しさと強さ、両方に感心したという。

結局、「関ヶ原の合戦」は東軍の勝利に終わる。信幸は家康から功績を認められ、所領安堵のうえ、上田の地も与えられた。

真田家は、見事にこの難局を生き延びたのである。

一方、昌幸と幸村は、本多忠勝らの嘆願によって死一等を減ぜられ、蟄居《ちっきょ》の身となった。

その十一年後、昌幸は病死した。

一方、幸村は、「関ヶ原の合戦」の十五年後に起こった「大坂の陣」で豊臣方に参戦し、見事な最期を遂げた。

だが、真田家は、信幸が家康への忠誠を守り続けた甲斐《かい》があって、江戸時代を通し「譜代大名（関ヶ原の合戦以前から徳川家とつながりを持つ大名）」として、存続していった。

江戸幕府が開かれてからも、小松姫は信幸によく尽くした。が、病を得て、四十八歳で没した。

信幸は、小松姫の菩提を弔うため、上田城下に寺を建立した。

（おもな参考史料『滋野世記』）

■甲斐姫《かいひめ》──東国無双の女軍（一五七二～没年未詳）

鎌倉時代から続く名門の武家に、成田《なりた》家という一族がある。現在の埼玉県に所領を持っていた。

居城である「忍城《おしじょう》」は、北を利根川、南を荒川が流れる、広大な沼地に築かれた堅固な城である。自然環境をうまく利用した難攻不落の要塞であった。

戦国時代末期、成田家は、小田原の大大名である北条家に従っていた。

天正十八年（一五九〇）。天下人となっていた豊臣秀吉は、その北条家を平らげるため「小田原征伐」を敢行する。

この時、成田家の当主の成田氏長《うじなが》は「小田原城」の籠城戦に加わっていた。つまり、忍城には城主が不在だったのである。

その忍城に攻め入ってきたのが、秀吉配下の石田三成の軍であった。

「忍城は、沼地の城じゃ。攻めるは難いが、堤防を周りに築いて水を流し込めば、水没する」

秀吉は、三成にこう命じた。

いわゆる「水攻め」である。水攻めは、秀吉が従来から得意とする戦法であった。

三成は、秀吉に従順な男だった。大軍を率いて忍城を包囲すると、天下人である豊臣家の財力にモノを言わせて、多数の人足を雇い入れた。そして、忍城を水没させる水を流し込むべく、堤防工事に入った。

だが、広大な沼地の中の忍城。

これを沈めるだけの水を呼び込む堤防を築くとなれば、一朝一夕のことでは、かなわない。

忍城と三成軍。我慢比べの持久戦である。

一方、忍城の留守を守っていたのが、成田氏長の娘・甲斐姫であった。

「この忍城は、決して落ちぬ。皆のもの。敵が音を上げるまでの辛抱じゃ」

甲冑を身にまとった甲斐姫は、城内わずか三〇〇〇ほどの手勢を、力強く鼓舞した。

この甲斐姫、東国にその名を轟かす屈強の女軍である。

彼女は、女軍が一般的に使う武器の鉄砲や長刀よりも、太刀と弓をよく使いこなした。まさしく、その武芸の腕前は超一流。彼女の励ましに、城代（城主が留守の時の家臣の代表）をはじめ成田家の家臣たちは、

「我らが姫様こそ、巴御前の生まれ変わりよ。姫様がおれば、豊臣など恐るるに足らず」

と、意気揚々と気炎をあげた。

とは言え、三成とて、ただ堤防工事だけに腐心していたわけではない。手勢を何度も、城の攻撃に差し向けた。

しかし、そのたびに成田軍は、まさしく「ホーム・グラウンド」の戦い。点在する小沼や岩陰など、地の利をうまく使って、三成軍を打ち払った。おびき寄せられた三成軍が沼地に脚を取られているところを、一挙に矢を雨アラレと打ち込むのである。

「まだか。堤防はまだできぬのか」

三成の焦りは、募る。

しかしながら、じつは雇われていた地元の人足たちは、たいてい成田家に情があり、忍城攻略を遅らせるために、わざと手抜き工事をしていたのである。

遅々として進まぬ三成の忍城攻めに業を煮やした秀吉は、名将・浅野《あさの》長政《ながまさ》の軍を、援軍に差し向けた。

さすがに、浅野軍は強い。その攻撃に成田家は、多くの犠牲者を出した。

「姫様！　かくなるうえは、拙者がまいります」

若き城代の成田長親《ながちか》（この籠城戦のあいだに、城代の父親が病死したため、甲斐姫が城代を引き継がせた）が、甲斐姫に進言した。

だが、甲斐姫は、

「長親殿。城代は、最後まで城に構えておらねばなりませぬ。わらわが出陣いたします」

と、満面の笑みを見せた。

その威風堂々たる姿。長親は圧倒され、反論できなかった。

「は。仰せに従いまする」

「それでよい。では、その方ら、わらわに付いてまいれ！」

甲斐姫は甲冑姿で馬にまたがるや、わずか二〇〇余の手勢を率いて、城外へ躍り出た。

手に握るは、成田家に代々伝わる名刀「波切」である。

そして、なにより、この甲斐姫の強いこと。バッタバッタと、敵を斬り伏せ、叩きのめしていく。

「あれが、東国一の女軍と、うわさに聞こえた甲斐姫か」

と、浅野軍でさえ、たじろぐほどである。

と、そこへ、一人の武将が不敵な笑みを浮かべて、馬を走らせてきた。三成軍の加勢に来ていた佐野家の武将で、三宅高繁という。

「女だてらに屈強の腕よの。おもしろいわ。ひとつ、わしが引っ捕えて、わしの子を産ませてくれようぞ。強き子が授かるじゃろうて」

とんだ〝セクハラ武将〟である。

だが、これほどの啖呵を切るだけあって、腕前もそれなりの男であった。

「そこな女！　尋常に勝負せい！」

馬上から叫ぶ高繁。

だが、甲斐姫、

「フン」

と、鼻であざけるように笑うと、背負っていた弓に矢をつがえ、キリキリと引き絞った。

「女の腕で、こんな遠き所まで矢が届くものか」

高繁は、ふてぶてしいまでに、甲斐姫をナメ切っていた。ところが！

ヒュン！

放たれた矢は、見事、高繁の喉を射貫いたのである。高繁は、声も挙げずにドサリと馬から落ちた。

「うおーっ」

固唾《かたず》を呑んでこの様子を見守っていた成田軍の将兵は、いっせいに、歓喜の鬨《とき》の声を挙げた。

「なんたる屈強の女軍よ」

情勢をうかがっていた三成は、驚きとともに、この忍城攻略の難しさを、あらためて思い知った。

それから、ほどなくである。肝心の北条家が、豊臣軍に破れた。

「戦の勝敗は決した。忍城も、豊臣軍に明け渡す」

小田原にいた当主の成田氏長からの命令が、届いたのだ。

「是非も、ございませぬな。ですが、成田の家名と栄誉は守られました。皆のおかげじゃ。さあ、城から出ましょう」

甲斐姫は、爽やかな笑顔で家臣に告げた。この戦いで、最後の最後まで石田三成を手こずらせ、城を落とさせなかったことで、甲斐姫は満足していたのである。

成田軍は、城を明け渡すにあたり、皆が甲冑を身に付け、堂々と進軍するかのように門から出た。無論、甲斐姫も甲冑姿で馬にまたがり、進んだ。

それを、三成たち豊臣軍は、疲れきった顔で見つめる。

水攻めのための堤防は、最後まで完成できなかった。

「勝った気がせぬな」

三成は、とても勝者とは思えぬ悔しそうな眼で、城を落ちる成田軍の姿を見送った。

こののち、甲斐姫の武勇を知った豊臣秀吉はいたく感激して、

「ぜひとも、そなたに、わしの元へ来てもらいたい」

と、甲斐姫に願い出た。

甲斐姫は、

「成田の家の存続を、お許しくださるなら、まいりましょう」

と、秀吉に、戦国の世の敗者としては図々しいほどの交換条件を、出した。

秀吉はこの条件を呑んだ。かくして、成田家は三万石の大名として生き延びた。

そして甲斐姫は、晴れて「天下人の側室」となった。

秀吉が最晩年の慶長三年（一五九八）に催した有名な「醍醐《だいご》の花見」にも、甲斐姫は出席している。そこで、見事な和歌を詠んでいる。

相生《あいおい》の　松も年古り　桜咲
　花を深雪《みゆき》の　山ののどけさ

（秀吉様がいらっしゃる今日この日よりずっと、松は立ちつづけ、桜は咲き誇りつづけることでしょう。豊臣家がもたらしたこの国ののどかな平和は、本日の晴れやかな宴がずっと続くように永遠です）


甲斐姫が、ただ猛々しいだけの女騎ではなかったことが、うかがえる。

（おもな参考史料『成田記』）

■立花誾千代《たちばなぎんちよ》――七歳で女城主となる（一五六九～一六〇二）

天正三年（一五七五）というから、織田・徳川の連合軍が名門の武田軍を打ち破った「長篠《ながしの》の合戦」の起こった年である。

四国では、長宗我部元親《ちょうそかべもとちか》が土佐を平定した。各地で、戦国大名たちの激戦が繰り広げられていた。

そんな年の五月、九州の大大名・大友家で武名を轟かせていた家臣の立花道雪《どうせつ》は、戦の怪我が元で脚を悪くしていたこともあり、実質的に隠居の身となった。

そして、家督を子に譲った。

この立花家を引き継ぎ、「立花城」の新城主となった者こそが、立花誾千代。わずか七歳の姫である。

道雪には、子に男がいなかった。また、この誾千代は、彼が五十七歳という晩年に授かった子であり、彼はことのほか、この娘を可愛がった。

闇千代は、姫ながら活発で武芸の稽古にも励む子供だったので、道雪としては、他人の子を養子に迎えるより実子の闇千代を後継者としたかったのである。

道雪のこの願いを、主家の大友家は許可した。大友家としても、長年尽くしてくれた道雪のたっての希望であり、また、闇千代の父親譲りの快活さも承知していたので、とくに憂いはなかったようである。

「闇千代。そなたは、これより、この城の主じゃ。城主たるもの、家臣を想い、民を想い、国を守る覚悟を常に持たねばならぬ。

おぬしの名にある『闇』の文字は『穏やかな気持ちで相手の話をよく聞き、理を以《もっ》て語り合う』という意味が、込められておる。この名にかなうよう、立派な城主となるのじゃぞ」

道雪は、わずか七歳の娘に懇々と語り聞かせた。闇千代は、

「はい。父上。承知しております」

と、クリクリした眼で真っ直ぐに道雪を見て、返事した。道雪は満足げに笑った。

さて、この闇千代。名前のほどには、他人の話に殊勝に耳を傾けるようなタイプでは、

なかったようである。

万事に勝ち気で、しかも猛々しい性格であり、つまりは幼い頃から「女軍の魂」を強く持っていた。自らの甲冑をあつらえ、ふだんから武芸に励んだ。

立花城は、博多湾を望む城である。当時の我が国は、各大名とも国際貿易に積極的であり、西欧の文物や武器を仕入れることに熱心だった。立花家も天正二年（一五七四）、豊《ぶん》後《ご》（現・大分県）経由で大砲二門を手に入れている。

「父上。これが、敵の城壁を一撃で崩すという大砲ですか」

六歳の誾千代は、眼を輝かせた。

そんな娘だったのである。

やがて、天正九年（一五八一）。誾千代十三歳の年。立花家は誾千代の夫として、養子を迎える。

同じ大友家の重鎮の長男である。名を、宗茂《むねしげ》という。

城主の座は、この宗茂が受け継ぐ形となったが、誾千代の立場が低められたということはなく、言うなれば「夫婦二人三脚」で立花家を守ることとなった。

この立花宗茂、たいへんな知略家であった。

戦場では、闇討ちや奇襲を得意とし、幾つもの武功を挙げた。敵に正々堂々突っ込んでいくのが信条の誾千代とは、微妙にタイプが違っていた。決して「似た者夫婦」ではなかったのだ。

だが、互いに互いの、自分にはない長所を認め合う潔さは共通していて、夫婦仲は悪くなかったようである。

天正十三年（一五八五）、道雪が死去する。

この時期、九州平定を目論む薩摩《さつま》（現・鹿児島県）の島津《しまづ》家が、怒濤の勢いで北上しつつあった。

立花家は、大友家の臣下としてよく戦った。宗茂が出陣する時、立花城の守護を任されるのは、常に誾千代であった。

「我が奥方さえ、おってくれれば、立花城は安泰じゃ」

宗茂はカラカラと笑う。誾千代も、

「当然にございます。お任せあれ」

と、堂々としたものだった。

宗茂出陣の折には、誾千代は必ず甲冑を着けて城に居座り、留守居役の家臣たちはもと

Asahi Shinsho

朝日新書

より、侍女にまで甲冑を着けさせて、完全な臨戦態勢を堅持した。

しかし、長年にわたって九州一の強さを誇る島津家との争いを繰り返して、すっかり弱体化していた大友家である。徐々に押されていく。立花家も、戦で身内親族を多く失った。

そして、ついに主家の大友家が、プライドを捨てて豊臣秀吉に泣きつく。

すると、立花宗茂は、アッサリ大友家を見限って、豊臣家の配下となった。つまりは、主家を〝鞍替《くらが》えした〟のである。

自らの家を守るためには、より強い者と同盟を組み、より強大な力を持つ者の下に付く。これは「戦国時代の常識」である。

とは言え、立花道雪の大友家に対する忠誠心を鑑みれば、この宗茂の決断は、じつにクール、ドライなものである。宗茂とは、そういう男だった。

「父から受け継いだこの城を去らねばならぬというのですか！」

誾千代は、悔しさで歯噛みした。

が、結局は豊臣家の下に付くことに賛同した。

女軍として心身ともに鍛えつづけてきた誾千代にしてみれば、女性らしい感情的な恨みつらみよりも、家を守る大名家の使命を第一に考えたからだ。

立花家は、その後、秀吉に刃向かう島津家との戦いで武功を立て、秀吉から感謝状を送られている。

「これからは、秀吉殿の時代だ」

豊臣家に付いた決断に、立花宗茂は自信を持った。

豊臣家に立花城を明け渡した立花家は、そのまま秀吉の計らいで、筑後《ちくご》（現・福岡県）の城である「柳川城《やながわ》」に十三万石の大名として、移封された。

この国替えに際して、誾千代は宗茂との別居を選び、一人、城に程近い「宮永」の屋敷に移った。

この夫婦別居は、どうやら、二人のあいだに子ができないので、宗茂に側室を持たせて跡継ぎを産ませるために、誾千代が同居を遠慮したからのようである。

そして「関ヶ原の合戦」が起こる。

立花家は、西軍に付いた。宗茂は、「関ヶ原の合戦」の前哨戦と言える「大津《おおつ》城攻略戦」に参戦。奮闘の末、ようやく大津城を落として勝利した。

ところが、なんという皮肉か。

その勝利の日が「関ヶ原の合戦」の本戦当日だった。そして、関ヶ原の勝敗は、この日たった一日で、東軍の勝利で決着してしまった。

つまり、宗茂の戦いは無駄骨に終わってしまったわけである。

失意のうちに柳川城へ帰った宗茂を、誾千代は甲冑姿で家臣を引き連れ、城の門で出迎えた。

「お務め、お疲れにございました」

「おお。相変わらず我が奥は、頼もしき姿よの。戦の疲れも、吹っ飛ぶわい」

宗茂は、誾千代らしいこの気配りに、感謝した。

二人のあいだに温かいものが通った。

しかし、話はこれで終わらない。本戦後もなお、柳川城は、東軍の攻撃にさらされていた。籠城戦の指揮を執るのは、別居先から城に入った誾千代である。

東軍側の名将・鍋島直茂《なべしまなおしげ》は、自慢の水軍を駆って柳川城に西から攻め込もうと考えた。

ところが、城の近くの渡船口まで迫った時。

「撃てー！」

闇千代の命令一下、銃弾が雨アラレと鍋島軍を襲った。

闇千代は、ふだんより、五十名からいる侍女たちに鉄砲の使い方を教えていた。この立花家の「女軍鉄砲部隊」が、一糸乱れぬチームワークで一斉射撃を敢行し、鍋島軍の度肝をぬいた。

「撃て、撃て。撃ちつづけるのじゃ！」

闇千代の命令に合わせ、立花家の女軍鉄砲隊は、流れるような動きで、銃撃の嵐を途絶えさせない。さすがの鍋島水軍も撤退を余儀なくされた。

「敵は、南からも来るぞ。わらわも出撃いたす！」

南方より柳川城に迫ってくるのは、言わずと知れた猛将・加藤清正《きよまさ》の軍である。

ところが、闇千代はまったく引かない。城を出ると、馬上で長刀を構え、清正軍を待ち構える。

しかし、清正軍は一向に現れなかった。

「柳川城を守っているのは、あの立花闇千代というではないか。あのような女傑と戦っては、大切な家臣をみすみす無駄死にさせてしまうわい。迂回じゃ、迂回じゃ」

なんと清正は、闇千代の武名を恐れて、柳川城を進軍ルートから外したのである。

このエピソードは、「さすが、清正。潔い」と彼の卓見が称されるとともに、誾千代が屈強の女軍として、どれほど名を轟かせていたかを、物語っている。

こうして、誾千代は柳川城を守り切った。

この二年後、誾千代はわずか三十四歳で没する。病にかかり、宗茂の必死の看病の甲斐もなく、穏やかに旅立った。

宗茂は、いったん浪人の身となるが、徳川家康にそれまでの武勲を評価され、徳川の臣下となった。そののちの働きも見事で、江戸幕府開闢ののち、旧領の大名に取り立てられた。

西軍に付きながらも大名に返り咲いた者は、数名いる。が、旧領を安堵されたのは、この立花宗茂だけである。

宗茂は生涯、誾千代の菩提を弔った。

（おもな参考史料『大友文書』）

■お田鶴《たづ》の方——誇りのために死地へと赴く（一五五〇?〜一五六八）

永禄《えいろく》三年（一五六〇）。

織田信長が、駿河《するが》・遠江《とおとうみ》（現・静岡県）を支配していた大大名の今川義元《いまがわよしもと》を、わずかな手勢で見事に討ち取った。言わずと知れた「桶狭間《おけはざま》の合戦」である。

今川義元の跡継ぎである今川氏真《うじざね》は、まだ若輩だったうえに狭量の男だった。亡父の義元は、確かに大きな人物だった。その人間性からも、多くの家臣に慕われていた。それだけに、氏真の代になるや、今川家臣団には、主家に対して、さまざまな不安や疑心暗鬼が渦巻いた。

そんな今川家に仕えていた武将に、飯尾《いのお》連龍《つらたつ》という人物がいる。遠江の「曳馬《ひくま》城」の城主である。

「どうにも氏真様は、わしを疑っておるようじゃ。今川を裏切り、織田や徳川に内通しておるのではないか、と……」

連龍は、正室のお田鶴の方に、こんな不安をもらした。

お田鶴の方は、評判の女丈夫《じょじょうふ》で、豪胆な女軍でもあり、連龍も彼女を大いに信頼していたのである。

「長年にわたって今川家に尽くしてきた殿を疑うなど、なんと、ひどい仕打ちにございましょうや」

お田鶴の方は、露骨に怒りの色を示した。

お田鶴の方の母は、今川義元の父・今川氏親《うじちか》の娘である。つまりお田鶴の方と氏真は、〝いとこ〟ということになる。

そんな血のつながりがあるだけに、よけいに氏真の夫に対する疑いには、腹立たしさを感じていたのである。

この戦国の世にあって、主従のあいだで寝返りや裏切りは、確かに日常茶飯事である。だが、だからこそ、互いの信頼というものを大切にせねばならない。信頼なくして、人の世は成り立たない――と、お田鶴の方は思っている。

「まあ、そう怒るでないわ。奥。疑われているのなら弁明するまでじゃ。我が今川家への忠義を、あらためて氏真様に誓言しよう」

連龍は、お田鶴の方の怒りに少しうろたえたが、なだめるように優しく諭した。

「わしは、氏真様の命により、駿府《すんぷ》に出向く。よい機会じゃ。よくよく我が忠義を氏真様に分かっていただこう」

こうして連龍は、駿府に赴いた。

お田鶴の方は、嫌な予感がしていた。

その予感は、当たった。

氏真は、連龍への疑念に凝り固まっていた。駿府へ出向いた連龍を、有無も言わさずに謀殺したのである。

「なんということを……。もはや、この世に、人の心の絆というものは、なくなったのか」

お田鶴の方は、悔しさに打ち震えた。

「もはや、誰も信じられぬ。信じられるのは、おのれの力だけじゃ……」

元々が、豪胆な女軍であるお田鶴の方である。

他人を信じ、他人に裏切られて惨めに果てるくらいなら、我が力だけで生き抜くしかない——と、お田鶴の方は心に決めた。

「この曳馬城は、わらわが受け継ぐ！　連龍様に仕えてきてくれたそなたらは、わらわの子も同然。どうじゃ。わらわに付いてきてくれるか」

お田鶴の方は、飯尾家の家臣団一人一人の顔を見つめ、こう叫んだ。お田鶴の方にしてみれば、常日頃から親しく手を携えてきた家臣たちだけは、信じたかった。

「無論にござります。我ら飯尾家に仕える者、どこまでもお田鶴の方様と、ともにまいります！」

お田鶴の方の気持ちに、彼らは応えた。

「皆の気持ち、まことにうれしく思うぞ。もはや、主家も何もない。飯尾家は飯尾家だけで、生きていこう」

人の世の「裏切りという闇」を、とことん憎んだお田鶴の方の意地だった。

こうしてお田鶴の方は、曳馬城の城主に就いた。

しばらくの時が流れ、永禄十一年（一五六八）。

織田信長と同盟を結んでいた徳川家康は、西日本を信長に任せ、自らは東の平定を目指して進軍する。そして曳馬城の攻略に向かってきた。

家康は、戦国武将の中にあっては、例外的なほど温厚な男である。また、存外にフェミニストでもある。

女城主が守る曳馬城に、情け無用の攻撃を仕掛けるのは、気乗りがしなかった。

「素直に従うてくれれば、無駄な血を流さずに、済もう」

家康は、曳馬城に使者を送った。

「開城してくれるならば、城内の者すべて、城主も含めて身の安全を保証する。今後の面倒も、徳川が見る」

これほど破格の好条件で、お田鶴の方に城の明け渡しを求めたのである。

だが、お田鶴の方は承知しなかった。

「曳馬城は、亡き夫より引き継ぎし飯尾家の城じゃ。誰にもわたすことなど、断固として受け入れぬわ」

家康は、辛抱強い。二度三度と、使者を送った。しかし、そのたびにお田鶴の方は、使者を門前払いにした。

「なにが『今後の面倒を見る』じゃ。女の城と思うて、あなどるでないわ」

この頑なさは、もはや「意地」という言葉だけでは説明し切れない。夫が主家に謀殺されたという恨みが、お田鶴の方に「他人は信用できない」というトラウマを植えつけていたのである。

家康も、とうとうシビレを切らした。

「是非もなし。曳馬城を落とす」

徳川軍の総攻撃が始まった。

「撃て、撃てー」

「ひるむな。撃ち返すのじゃ」

すでにこの頃、鉄砲は普及している。城の外と内から壮絶な銃撃戦が展開された。

だが、数の上では、徳川軍が圧倒的に優勢である。城方は徐々に押されていく。

ついに、城の二の丸、そして三の丸が、徳川軍に落とされた。残るは、本丸のみである。

城郭は、見渡すかぎり、徳川の軍勢で包囲されている。

絶望的であった。

「わらわが出陣いたす！」

お田鶴の方は、甲冑に身を包むと、愛用の長刀を手に取った。

「おともいたします！」

お田鶴の方にずっと仕えていた十七人の侍女たちが、同じように揃って甲冑を着けた。

「そうか。そなたら、わらわと来てくれるか」

出陣すれば確実に死ぬ。

誰もが分かっている。しかし、彼女らの心は一つとなっていた。

「これこそが、人の絆じゃ。人の心の絆の強さ、徳川に、いや、この戦国の男どもに、見せつけてやろうぞ」

お田鶴の方は、侍女たちを引き連れ、城外へ飛び出した。迷いはなかった。

城から出たお田鶴の方、以下十八人の女軍たちは、徳川軍に向かってまっすぐに突き進んでいく。しかし、銃撃の嵐にはばまれ、彼女たちは、一人また一人と倒れていく。

それでも、お田鶴の方は怯まない。一片の躊躇もなく馬を走らせ、長刀を振りかざし、目の前の敵兵を何人も斬り伏せていった。

「わらわこそ、曳馬城が城主・田鶴なるぞ。家康殿、尋常に勝負せい！」

お田鶴の方が戦場の真ん中で、斬り伏せた敵の返り血を浴びながら叫んだのと、ほとんど同時だった。

徳川軍の雑兵が撃ち放った弾丸が、お田鶴の方の鎧を貫き、心臓を打ち抜いた。

お田鶴の方は、その場にドッと倒れた。

「お田鶴様が、討ち死になされた」

お田鶴の方の気概に引っ張られて、ここまで戦ってきた飯尾家の家臣団である。この瞬間、戦意は失われた。

「もう、どうとでもせい」

曳馬城の残党は、徳川にくだった。

お田鶴の方に付いていった十七人の侍女は、全員がことごとく討ち死にした。

この戦いの戦死者。徳川軍、三〇〇。対して飯尾軍、二〇〇。

勝者の徳川軍のほうが、犠牲が大きかったのである。曳馬城の防戦ぶりが、どれほどに激しく、そして、それだけに、どれほどに必死だったのかが、うかがえる。

「惜しい女軍を失ったことよ」

家康は、敵であったお田鶴の方の天晴れな戦いぶりを賞賛し、その死を悼《いた》んだ。

お田鶴の方と、彼女に付き従って散った飯尾家の侍女や家臣の遺体は、一つところに葬られた。そして家康は、そこに墓を建てさせた。

「あわれなことに、ございます」

家康の正室である築山《つきやま》御前も、お田鶴の方に大いに同情を寄せた。そして、お田鶴の方の墓が建つ塚に、百本の椿《つばき》を植えさせた。

当時、季節になると、その椿は見事な赤い花を一面に咲かせたそうである。

そのことから、お田鶴の方は、死後「椿姫」とも呼ばれるようになった。

こんにちも、お田鶴の方の墓があったという浜松の町の一角には、小さな祠がある。それは「椿姫観音」と呼ばれている。


（おもな参考史料『武家事紀』）

■妙林尼《みょうりんに》――島津家を手玉に取った知将（生没年未詳・戦国時代）

戦国時代後期の天正年間（一五七三～一五九二）は、九州で、大大名の島津家と大友家が、覇権を争っていた時期である。

そんな時代、天正六年（一五七八）に日向《ひゅうが》高城川原（現・宮崎県木城《きじょう》町）で、この両軍が激突する戦があった。

「耳川《みみかわ》の合戦」と呼ばれる。

この戦いは、島津軍の大勝に終わった。

大友軍の戦死者は三〇〇〇人を数え、大友家は優れた家臣の多くを失った。大友の臣下の家では、夫を失った〝戦争未亡人〟がおびただしく増え、彼女らをして「日向後家」と呼ぶ言葉さえ生まれたほどである。

その「日向後家」の一人に、後世に名を残した傑物の女軍が、いる。

妙林尼という。

その名のとおり、尼である。

大友家の重鎮だった吉岡《よしおか》家の当主・吉岡鎮興《しずおき》の正室であった。だが、鎮興が「耳川の合戦」で討たれたため、夫の菩提を弔うべく出家した。

吉岡家は、「鶴崎《つるさき》城」(現・大分県)の城主である。城は、鎮興と妙林尼のあいだに産まれた子の吉岡統増《むねます》が引き継いだ。

天正十四年(一五八六)。この鶴崎城を落とそうと、島津軍が攻め寄せてきた。

「ご注進! 島津勢、三〇〇〇。真っ直ぐに押し寄せてまいります!」

見張りに出ていた兵が青ざめた顔で、報告に戻ってきた。小さな鶴崎城を落とすには十分すぎる大軍である。

さらに、タイミングが悪かった。

城主の吉岡統増をはじめ、おもだった家臣は、主家である大友家に命じられて「臼杵《うすき》城」（現・大分県）の籠城戦に駆り出されていたのである。

城に残っていたのは、年老いて第一線を退いていた家臣や、防備の数合わせで集められていた農民くらいだった。つまりは、戦力として、ほとんど無きに等しい状態だった。

この城の留守を任されていたのが、妙林尼である。

「我が夫を奪いし島津めの奴《やつばら》に、我が子の城まで、奪わせてなるものですか」

戦力差を考えれば、降伏するのがマトモな判断であろう。しかし、妙林尼は断固として、城を守る決意を固めた。

「城の前面に、出城を築く」

「しかしながら、資材がございませぬ」

「民の力を借りる」

妙林尼は、城に入っていた農民たちに頼み、彼らの家の壁板や畳をありったけ集めさせた。そして、それらを使って急ごしらえの出城を築いた。

「急ぎ、城の周りに堀を造るのじゃ」

落とし穴である。

ふだん刀や弓などさわったこともない農民たちでも、こうした土木工事なら、お手のものである。たちまちに、城の周りに、周到に隠された落とし穴が幾つも掘られた。

剃髪した姿に甲冑をまとった妙林尼の指揮は、じつに的確でキビキビしていた。その堂々とした女軍ぶりに、城の者たちも励まされた。

これなら守れるかも知れない——といった勇気が、皆にわいてきた。

妙林尼はさらに、農民たちに武器の扱いを教えた。

鉄砲である。鉄砲ならば、刀や弓よりもずっと短時間でマスターできる。

「これまで多くの同胞の生命を奪ってきた島津の連中に、ひと泡吹かせてやるのは、この時ぞ！　皆のもの、城を守るぞ」

妙林尼の呼びかけに、城の者たちは、

「おー！」

と、強く応えた。

妙林尼には、人々の心を温かく包み、鼓舞する魅力があった。それはちょうど、頼もしい母親のようであった。

そして実際、島津軍の攻撃を、鶴崎城はことごとく返り討ちにしたのである。

攻め入る島津兵は何人もが、落とし穴に落ちていく。そこを出城から狙い撃ちする鉄砲の弾丸が、雨アラレと降り注ぐ。

しかし、勇猛さなら日本一の島津軍である。そうそうは、あきらめない。

なんと、島津軍が攻め寄せ、それを鶴崎城が跳ね返すことの繰り返し、十六回。とてつもない長期戦となり、両軍の疲弊もピークに達していた。

先に音を上げたのは、島津軍であった。

「城内の者すべての生命は保証する」

という条件のもと、和睦を鶴崎城に求めた。

正直のところ鶴崎城側も、兵糧が尽き、籠城をつづけるのは困難になっていた。

「ここまで、よく戦ってくれました。島津の者どもに、吉岡家の力を存分に見せつけました。開城しましょう」

妙林尼は、この和睦を受け入れた。

いや、受け入れる振りをした。

妙林尼は、勝ちを、あきらめていなかったのである。

妙林尼は、島津軍を鶴崎城に迎え入れると、酒宴を開き、生き残った島津の将兵を厚くもてなした。

「さすがは、音に聞こえた女軍の妙林尼殿。天晴れな潔さにござる」

杯に、妙林尼手ずから酒を注がれた島津の将は、上機嫌である。

「恐れ入りまする。吉岡家はこれより、島津様のもとで働かせていただきます」

「おお。じつにご立派なお心構えにございますぞ」

妙林尼の愛くるしい笑顔に、島津軍の将は、完全にトリコとなった。

こうして月日が流れ、天正十五年(一五八七)。

豊臣秀吉が、九州制圧に本腰を入れ始める。

その軍勢、なんと二十万。九州各地に散らばっていた島津軍は、総力戦でこれを迎えるため、急ぎ本国に呼び戻された。

「我が吉岡家は、島津様のお味方をいたします。あとから家臣ともども追いかけますゆえ、後顧の憂いなく国元の薩摩にお戻りください」

「さようか。では、待っておりますぞ」

妙林尼の言葉をすっかり信じ切った鶴崎城の島津軍は、安心して城を後にした。

「この時を待っていた」

妙林尼は、すぐさま吉岡家譜代の家臣たちを集めると、猛スピードで進軍を始めた。目指すは、島津軍の進軍ルートにある乙津《おとづ》川。別府湾に流れる大きな川である。

そして妙林尼は、島津軍の先回りをし、川沿いに軍を潜ませた。

そこへ、ようやく島津軍が、土手に姿を現す。と、思うが早いか、

「撃てー」

妙林尼の号令一下、吉岡軍の鉄砲と矢が、島津軍に襲いかかった。

完全な奇襲である。

「なにごとじゃー」

島津軍は、なんとか逃げようとするが、退路はすでに吉岡軍に押さえられている。

「北じゃ。北へ逃げよ」

大あわてで、北側にある寺司浜《てらじはま》へ逃げていく島津軍。ところが、その行く手の松林には、妙林尼があらかじめ隠していた鉄砲隊が待ち構えていた。

鶴崎城を意気揚々と出た島津軍は、なす術なく壊滅した。

今度こそ、吉岡軍の圧勝であった。

「これで鶴崎城は、我が吉岡家の手に戻りました。鎮興様の仇も討てました」

妙林尼はようやく、心の底からの笑顔を見せた。

この「寺司浜の合戦」の翌日、妙林尼は、倒した島津軍の将の首六十三を、主家の大友家の居城「臼杵城」に届けた。大友家への忠義を、妙林尼は捨てていなかったのである。

「これで、やっと鎮興様の菩提を、本当に弔うことができます」

妙林尼はこの戦いののち、甲冑を脱いだ。

のちに「寺司浜の合戦」の顚末《てんまつ》を聞いた豊臣秀吉は、大いに感心し、妙林尼に面会を求めた。

だが、妙林尼は、この天下人の申し出を、ていねいに断ったという。夫の仇を討ち、息子の城を奪還した彼女には、もはや俗世に何の未練もなかったのだろう。

やがて、主家の大友家が没落し、江戸時代に入ると、吉岡家は、熊本藩の藩主・細川家の家臣として生きることとなる。

妙林尼が知略の限りを尽くして守った鶴崎城は、廃城とされた。

だが妙林尼の女軍としての武勇は、こんにちなお、地元・大分の誇りとして、語り継がれている。

（おもな参考史料『大友興廃記』）

■おつやの方――山城の女城主（生年未詳〜一五七五）

「岩村《いわむら》城」（現・岐阜県）。

標高約七〇〇メートルの山地に築かれ、霧がよくたちこめることから「霧が城」とも呼ばれた。「三大山城」の一つに数えられる（残りの二つは、高取《たかとり》城と備中松山城）。

自然の要害に守られた難攻不落の山城であった。と同時に、一帯を制するためには重要な拠点となり得る城で、戦国時代後期、織田信長と武田信玄が競い奪い合った。

かつて、この城の城主として戦い、そして哀れに散った女軍がいた。

通称を、おつやの方という。


おつやの方の出自は、織田家である。

信長の祖父の晩年の子で、つまりは、信長の叔母にあたる。もっとも、信長のほうが十歳ほど年上であったらしい。

織田家は、男も女も多産の家系であった。女の多くは、織田家の勢力拡大のために、政略結婚させられた。おつやの方も例外ではなかった。

そして彼女が嫁いだ先こそが、当時の岩村城主であった遠山景任《とおやまかげとう》だった。

遠山家は、もともと武田家に従っていた家である。その遠山家に織田家の娘が嫁ぐことにより、遠山家は、織田家と接近する結果となった。

信長にとって、この政略結婚は、岩村城と遠山家を手中にするための絶好の手立てだったのだ。

おつやの方も、もちろんそのことは重々承知していた。

「叔母上。この信長のために遠山家に嫁いでくれ」

と言ってくる信長に、おつやの方は、ただうなずいた。

それを、戦国の武家に生まれた女の当然の宿命と、受けとめていた。

元亀《げんき》三年（一五七二）。その遠山景任が病没した。景任とおつやの方のあいだには、まだ子がなかった。

「しめた！」

信長はすかさず、自分の子を遠山家の養子として、おつやの方の元に送り込んだ。戦をせずして、岩村城と遠山家を、これで完全に手に入れたのである。

送られた養子は、信長の五男である。まだ幼く、もちろん城主の任は果たせない。

「息子が成長するまで、岩村城は叔母上に任せる。よろしゅう頼む」

と、信長は再び、おつやの方に頼み込んだ。

こうして、おつやの方は、実質的に岩村城の城主となったのである。

もっとも、おつやの方は、決して猛々しい女軍のタイプではなかった。ただ、武家の女として「家に利用される宿命」を、唯々諾々と受け入れた。

預かった信長の五男を、我が子として大切に育み、岩村城を守る生活を送る。

城主とは言っても、信長の傀儡《かいらい》に過ぎない立場だった。

だが、もともと遠山家を傘下に置いていた武田信玄が、そうそう信長の思いどおりに事を運ばせるはずがない。

「岩村城を、我が武田家のものとするのじゃ。岩村城を落とせ！」

同年、武田軍が岩村城に攻め寄せてくる。この時初めて、おつやの方は、慣れない甲冑を身にまとった。

「信長殿に任された岩村城を、武田に渡すわけには、いきません」

彼女は、ただそれだけの思いで、女軍として陣頭に立った。

攻める武田軍の大将は、信玄の懐刀であり「武田二十四将」の一人にも数えられる知将の秋山虎繁《あきやまとらしげ》である。

その猛攻に、おつやの方は、必死で耐えた。なんとか織田家が援軍を送ってくれるまでは踏ん張らねばならない、と。

だが、この頃、信長は積年の宿敵である「一向一揆」との争いに阻まれ、岩村城に援軍を送ることができなかった。

ジリジリと押されていく岩村城。

籠城のための兵糧も、底を尽きつつあった。

「もはや、このままでは勝ち目はありません」

おつやの方は、武田軍にくだることに決めた。

嫁いでからこんにちまで、苦楽をともにしてきた遠山家の家臣たちの生命を、彼女は救おうとしたのである。

家名よりも、人の生命を重んじる。

それは、「戦う女軍」としてではなく「守る女」としての決断だった。

「おつや殿。よくぞ決心してくだされた。そのお心、決して無下にはいたしませぬぞ」

秋山虎繁は、きわめて〝紳士的〟な武将だった。おつやの方の願いどおり、遠山家をそのまま配下にすると、おつやの方にも厳しい処罰は与えず、むしろ厚遇した。

「なんと、お優しい殿方であろうか」

おつやの方は、初めて「男からの愛」を感じ、「男への愛」を知った。

虎繁とおつやの方は、こうして結ばれた。

二人のあいだには、やがて子も生まれた。

一方、岩村城に「未来の城主」として送られていた信長の五男もまた、虎繁は死罪としなかった。武田家の本拠地である甲斐国に護送した。扱いとしては、人質である。しかしながら、武田家で大切にされ、後年に織田家に返されている。

おつやの方が、甲冑を身に付けたのは、この秋山虎繁との戦の時だけである。虎繁を岩村城に迎えてからは、甲冑を脱ぎ、女として、しばしの幸福の日々を過ごした。

だが、彼女の開城の決断と虎繁への愛は、紛うかたなき「信長への裏切り」であった。

「おのれ、おつや。武田に寝返りおって」

叔母であるおつやの方に対してわきあがった信長の怒りと憎しみは、尋常ではなかった。血のつながりがあるだけに、その裏切りが、一層許せなかったのである。

信長としては、同じ岩村城を奪われるにせよ、おつやの方には、最後まで武田軍に抵抗し、織田家の女軍として華々しく討ち死にしてもらいたかったのだろう。

しかし、その願いは、戦国の武士としては当然のことかも知れないが、人としては、あまりにも残酷な願いではなかったか。

だが、天の気紛れか、天の配剤は信長に味方するのである。

秋山虎繁が岩村城の新城主となり、おつやの方と結ばれてほどなく、武田家の要・信玄が病没する。

虎繁は、信玄の息子にして後継者である武田勝頼に、そのまま仕えることとなる。が、武田家の零落は、信玄を失ったことで目に見えていた。

そして、ついに武田家は決定的なダメージを受けることとなる。

天正三年（一五七五）。あの「長篠の合戦」で、武田軍は、織田・徳川の連合軍に惨敗するのである。

「このまま一挙に、武田を討ち滅ぼしてくれるわ！　信忠《のぶただ》！　岩村城を奪い返せ。あれは元来、わしの城じゃ」

信長は、長男の織田信忠に、岩村城の攻略を命じた。

信忠率いる織田軍の大攻勢が、始まった。

虎繁は籠城し、懸命に防戦に努めた。が、岩村城の兵力だけでは到底、守りきりようがない。

虎繁は武田勝頼に救援を願った。しかし、勝頼もまた、織田軍の猛攻を防ぐのに手一杯で、すぐに援軍を寄越《よこ》すことは、できなかった。

それでも、岩村城は孤軍奮闘、よく戦った。知将の虎繁は、織田軍に夜襲を掛けるなどして、なんとか持ちこたえつづけた。

「岩村城は、絶対に落とす」

信長の執念は、すさまじかった。

増援を次々に送り込み、徹底的に岩村城を攻めさせた。兵糧の補給路も断ち、そのため岩村城内は飢餓状態に陥った。

ついに、岩村城の籠城兵は、三〇〇〇のうち一一〇〇を失うに至る。

「もはや、これまでじゃ。おつや。おぬしから受け継いだ、この城。おぬしの甥御にわたすとしよう」

虎繁は、残る兵の助命を交換条件として、信長に降伏を申し込んだ。信長は、これを受け入れた。

「これで、もう家臣たちを死なせずに済むのですね」

おつやの方は、ひたすら安堵した。

虎繁は、降伏を受け入れてくれた織田家へ参礼するため、織田の軍へ向かった。

だが、一度でも抵抗した者には容赦のない信長である。助命の約束など、端《はな》から守る気はなかったのだ。

すべては嘘だった。

虎繁は、織田の陣に着くなり有無も言わせられず捕らえられた。そのまま岐阜に連行され、長良川の近くで処刑された。

その最期は、磔《はりつけ》という、生命ばかりか武士の誇りさえも奪う、もっとも残酷なものだった。

「助命する」という織田軍の言葉を信じ「これで飢餓状態からようやく解放される」と、喜んで岩村城を後にした遠山家や武田家の生き残りたちは、弱り切った身体をひきずって、城を出たところを織田軍に包囲され、一人残らず殺された。

そして、おつやの方も、捕らえられたのである。

おつやの方は、「逆さ磔」という、もっとも惨く苦しい刑に、処された。

その最期に、磔られた姿で、信長と対峙したという。

その時、おつやの方は命乞いなどせず、気丈に信長を叱咤した。

「秋山様は、他人でありながら、私に嘘をついたことなど、ありませんでした。だが、おぬしは、叔母の私をたばかった。このような仕打ち、天が許しませぬぞ！」

怒りの目で、逆さに縛られた磔台から信長をにらみ付け、こう叫んだのだ。

信長は一瞬ひるんだ顔を見せたが、すぐに、

「黙れっ。織田家を捨てた裏切りものが！」

と叫び返した。

信長は、そのままおつやの方を串刺しにして、生命を奪った。

悲劇の女・おつやの方は、最後の最後に「女軍としての勇敢さと気高さ」を示したのである。


この七年後の天正十年（一五八二）。

信長は「本能寺の変」により、志半ばで生命を落とすこととなる。

信長は、最後に天から見捨てられた。

おつやの方の最後の言葉は、真実となったのだ。

なお、虎繁とおつやの方のあいだに産まれた子・秋山六太夫は、岩松城落城の前に落ち

延びて、そののち、村上水軍に仕えた。

そして、慶長五年（一六〇〇）。「関ヶ原の合戦」にからんで伊予国で勃発した「三津浜《みつはま》の合戦」に参戦し、見事に討ち死にしたという。

その最期は、英明な知将と勇敢な女軍の子として、ふさわしいものであった。

（おもな参考史料『当代記』）

刀を抜かなかった戦国の女軍たち

これまで紹介してきた女軍たちのほかにも、戦国時代に「女軍の魂」を持ち、その魂に殉じた武家の女性たちが、少なからずいる。

彼女らは、戦場で戦わなかったものの、時代に、その鮮烈な生きざまを残していった。

本章では、そうした女性たちを列挙しておこう。

■細川ガラシア——石田三成を震撼《しんかん》させる（一五六三〜一六〇〇）

まずは、細川ガラシアである。

ガラシアは、その名から分かるとおり、洗礼を受けてキリシタンとなった女性である。丹後《たんご》国（現・京都府北部）を治めていた細川家の当主・細川忠興《ただおき》の正室だった。

忠興は、織田信長や豊臣秀吉といった「時の権力者」に仕えて、こんにちにつづく肥後細川家の礎を築いた大名である。

慶長五年（一六〇〇）、会津討伐に向かう徳川家康に従って出陣し、そのまま「関ヶ原の合戦」に際しては、いち早く家康に与することを誓って、東軍の一翼を担った。

忠興は出陣の折に、屋敷を守るガラシアに対して、

「もし、わしが不在の時に敵に襲われたならば、家名を守るため自害せよ」

と、言い残した。

忠興が東軍に付くと知った石田三成は、忠興を翻意させるため、ガラシアを人質に取ろうと、誘いをかけた。だが、ガラシアは夫の意に従い、断固として三成を拒絶した。

そこで、三成は強硬手段に訴え、細川屋敷に襲撃をかけた。

この時、ガラシアは、

「細川家の名誉のため、私は敵の手に落ちる前に死を選びます」

と、家中の者に宣言し、留守居役の細川家の家臣に介錯をさせて、見事に果てた。そののち家臣は、ガラシアの遺体が西軍の手にわたらぬようにと、屋敷に爆薬をしかけて爆発させた。

そのあまりに壮絶な最期に、三成はショックを受け、大名懐柔のための「正室人質作戦」を、以後は取らなくなったという。

ガラシアは元来、気位が高く性格も激しい女性だった。その性格には、夫の忠興も手を焼くほどだった。

ある時、忠興が、ガラシアと親しくしていた家臣を手討ちにし、嫌みに、その刀の血をガラシアの小袖で拭った。だがガラシアは臆することなく、その小袖を数日間も着つづけた。とうとう忠興のほうが居たたまれなくなり、詫を入れて、着替えてもらうようにガラシアに頼んだという。

また、ガラシアは生前、

「事ある時は、自ら甲冑を着け、馬にまたがり、戦場へ馳せ参じる覚悟です」

と、常から、女軍としての覚悟を周囲に語っていた。

彼女が実際にそうすることは、ついになかった。が、その言葉が偽りでなかったのは、彼女の最期が証明している。

散りぬべき　時しりてこそ
　世の中の　花も花なれ　人も人なれ

ガラシア辞世の歌である。

（おもな参考史料『細川家記』）

■井伊次郎法師《いいじろうほうし》——外交の天才（生年未詳～一五八二）

次に挙げるのは、井伊次郎法師である。

井伊次郎法師は、「遠江井伊谷城《いいのや》」（現・静岡県浜松市）の城主であった井伊直盛《なおもり》の娘である。

少女時代に、家の都合で出家をさせられ、次郎法師を名乗った。

そののち、井伊家の成人男子がことごとく亡くなったため、還俗《げんぞく》して井伊家の当主となる。井伊家は、大大名の今川家に仕えていたが、井伊谷を奪って直轄地にしようと企む今川氏真を前にして、彼女は、井伊谷の領地を守るべく、あらゆる手を尽くした。

領民に寄り添って民意をつかむ一方、今川家からの「徳政令（領民の借金を棒引きにする制令）」の催促を、いろいろと言葉巧みに拒否し続けた。徳政令を執行すると、井伊家の財政が破綻するからだ。

やがて今川家が衰退すると、これをチャンスとして徳川家康に接近し、徳川家の後ろ楯を得て、井伊家の地位を確立した。

次郎法師は生涯、独身であった。しかし、縁戚の息子を、次代の井伊家の当主として育てあげた。

その子こそが、のちに「徳川四天王」の一人に数えられる井伊直政である。

戦国の世にあって、家を生き残らせるために彼女が示した幾多の外交手腕は、小国の大名として見事なものであった。

この点において、次郎法師は一流の女軍だったと評されるだろう。

（なお、彼女は、こんにち「井伊直虎」という名でも伝わっている。ただし、この直虎と次郎法師は別人だという見解が、最新の歴史研究では有力視されている）

（おもな参考史料『井伊家伝記』）

■寿桂尼《じゅけいに》――今川家の女ボス（生年未詳～一五六八）

一方、その井伊次郎法師と、いわばライバル関係の立場で生きた百戦錬磨の「女軍の魂」の持ち主だったのが、「今川家の女ボス」とでも言うべき寿桂尼である。

寿桂尼は、今川氏親の正室である。晩年に病床にあった氏親に代わって、早くも今川家の政務を取り仕切る地位に就いていた。

氏親の死後に出家して寿桂尼と称するようになり、そののちも、今川氏輝《うじてる》・義元・氏真と、四代にわたり今川家を支えつづけた。今川家のトップ・アドバイザーとして、君臨した。

大永《だいえい》六年（一五二六）に発布された今川家の「分国法（法律書）」である『今川仮名目《かなもく》

録《ろく》』は、寿桂尼が今川家の重臣たちと編んだものだと、考えられている。

今川義元が「桶狭間の合戦」で討ち死にし、今川家が零落してからも、今川家を必死に守ろうとした。そんな中、高齢のため（七十代だったと推測される）無念の死を迎えた。が、死に臨んで「死しても今川の守護たらん」という壮絶な遺言を残した。

そのため、彼女の遺体はその遺言を汲んで、今川館の鬼門の方角にある寺に埋葬された。家を自らの力で守るために生涯をかけたその生きざまは、確かに天晴れな女軍であった。

（おもな参考史料『言継卿記』）

■英勝院《えいしょういん》――家康から全幅の信頼を受ける（一五七八～一六四二）

また、次郎法師や寿桂尼と同じく、出家者（尼）でありながら「女軍の魂」を持っていた女性の一人に、英勝院という女性がいる。

英勝院は、元もとは徳川家康の側室の一人である。

出自については諸説ある。が、家康が、豊臣秀吉の命令で江戸に移封された時に関東の名門の武家から側室を求め、その中の一人として、彼女が徳川家に入ったという。

たいへん聡明なうえに、倹約家であった。

「倹約は家を富ませ、民を潤し、結果として家を長く存続させる」

というのが持論で、小袖をこまめに洗濯して、新しいものを欲しなかった。その姿勢は家康から大いに信頼されるところとなり、やがて、徳川家の本拠地「駿府城」の奥向きを任されるまでに至った。

一方、「女軍としての勇ましさ」も兼ね備えていた。周囲から、

「もし男に生まれていたら、大軍を率いる大将にもなっていたろう」

と、評価されていたほどである。

そして実際に、「関ヶ原の合戦」でも「大坂の陣」でも家康に付き従い、しかも、その際は、男装姿で騎馬での同行だった。

戦場にあって「ただ守られるだけの女」であることを、潔しとしなかったからである。

彼女は、出家前の通称として「梶」と呼ばれていたが、「関ヶ原の合戦」の勝利を祝って「勝」と改名した。

やがて、家康の最後の子である五女の市姫を産んだ。三十歳という、当時としては高齢

出産だった（ただ、市姫はわずか四歳で夭折している）。

家康の死後、すぐに出家し、英勝院と称した。

徳川秀忠・徳川家光と、三代にわたって徳川家と深いつながりを持ちつづけ、晩年は鎌倉に「英勝寺」を建立し、住持《じゅうじ》（寺を管理する主僧）として生涯を全うした。

英勝寺は、こんにちも「鎌倉唯一の尼寺」として存続している。


（おもな参考史料『故老諸談』）

■常高院《じょうこういん》（一五七〇〜一六三三）と阿茶局《あちゃのつぼね》（一五五五〜一六三七）
――豊臣家、徳川家それぞれの威信を背負う

「大坂の陣」では、豊臣方、徳川方（江戸幕府方）の双方で、女性が重要な役割を果たしている。

慶長十九年（一六一四）に起きた「大坂・冬の陣」で、豊臣方の実質的な当主だったのが、豊臣秀頼の生母である淀の方であったことは、今更言うまでもない。

淀の方は、大坂城で籠城戦の作戦を選んだ。自ら甲冑をまとい、城内で豊臣方の指揮を

執った。彼女もまた、女軍だったのである。

が、城を包囲した二十万の徳川軍から、毎日のように大砲の砲撃にさらされた。そして、彼女に付き従っていた八人の侍女が、彼女の目の前で砲撃の犠牲となり討ち死にしたことが、淀の方に、和睦受け入れを決心させた。

淀の方に従う八人の女軍の犠牲が、この戦いを終結させたとも言える。

和睦協定の席に、淀の方が送った交渉チームのリーダーは、彼女の実妹である常高院であった。

一方、家康も、徳川方の交渉者として側近の本多正純《ほんだまさずみ》のほかに、側室の阿茶局を、送っている。つまり、豊臣・徳川双方、女性によって、和睦の協定が結ばれたのである。

すなわち、我が国の覇権を賭けた大戦の政治交渉で、女性が前面に出て、とても大きな役割を果たしたわけだ。

まさしく「女軍の魂」が、戦国時代の最終盤まで華々しく活躍していたということが、分かる。

常高院は、豊臣家の威信を背負い、交渉の席で堂々とした態度だったという。

一方、阿茶局も、さすがは家康に徳川方の交渉代表を任されただけあって、じつに聡明な女性であった。この和睦の席のあとで、わざわざ自ら大坂城内に出向いて、淀の方に礼を尽くして会談している。


そして、この阿茶局もまた、武術や馬術に秀でた女軍であり、それで、この戦場に家康の側に付いて、出陣していたのである。

なお、阿茶局は、その才覚を家康に高く買われ、家康の遺言によって出家を思い留まらせられた。

そして、家康の死後も、徳川将軍家のアドバイザーとして生きた。


（おもな参考史料『明良洪範』）

江戸時代の女軍

この「大坂の陣」に先だって、家康は、江戸幕府を、慶長八年（一六〇三）に開闢している。以後、我が国は江戸時代に入り、徳川将軍家を中心とする幕藩体制に移行したわけである。

そして、この江戸時代の初期にもまた、自領を治めるのに腐心した二人の女軍がいた。

■氏姫《うじひめ》——名門・足利家を守る（一五七四〜一六二〇）

まずは、喜連川《きつれがわ》藩（現・栃木県）の成立に大きな貢献を果たした足利氏姫である。

室町時代、室町幕府は、足利家に連なる一家を、東国の支配をする「鎌倉公方《くぼう》」として派遣していた。

その初代は、室町幕府初代将軍・足利尊氏の四男であった足利基氏《もとうじ》である。

ところが、この鎌倉公方に就いていた基氏の子孫が、やがて二派に分かれ、対立するに至る。

なにしろ、同族間の争いであるだけにかえって、互いの憎しみと不信感は、相当なものであった。近親憎悪という精神状態である。

この分裂した東国足利家を和睦させるために活躍したのが、足利氏姫だ。

氏姫は、この東国足利家の一派「古河公方《こが》」の家の娘である。

父親の足利義氏《よしうじ》が早世した時、跡取りに男子がいなかったため、氏姫は少女ながら、古河公方の当主となった。

そして、天正十九年（一五九一）、十八歳の年、当時の天下人であった豊臣秀吉の肝煎りで、対立するもう一派の東国足利家「小弓公方《おゆみ》」の足利国朝《くにとも》に嫁いだ。

彼女の輿入れのおかげで、八十年もの長きにわたり争いを続けていた東国足利家は、ようやく統一された。

やがて、夫の足利国朝が病死する。氏姫は、せっかく統一された東国足利家が再び不和となることを避けるべく、国朝の弟である足利頼氏と再婚した。

そして「関ヶ原の合戦」。

東国足利家は出陣しなかった。

が、東軍の戦勝の直後いち早く、頼氏は家康に、戦勝祝賀の使者を送った。そのおかげで、東国足利家は徳川家の覚えがめでたくなり、そのまま喜連川藩の藩主として存続を許された。

氏姫は、本心では実家の古河公方への愛着絶ちがたく、結婚してからのちも、実家の屋敷に住み続けた。つまり、初婚・再婚ともに、夫とは別居の夫婦生活であった。

それほどに実家に執着していたはずの彼女が、対立する小弓公方側に嫁入りするのは、並々ならぬ覚悟があったろう。それもこれも、

「戦乱の世の中で、同族間で争っていては、大きな勢力にその隙をつかれて、東国足利家そのものが潰されてしまう。名門・東国足利家を潰すわけにはいかない」

という、彼女の家を守ろうとする主体的な意志が、強く働いたからだ。

喜連川藩は、足利一族の中で唯一、江戸時代を通じて大名として生きつづけられた藩である。

その歴史の礎を築いた足利氏姫は、戦場に赴くことはなかった。が、確かに勇敢な「女軍の魂」を持つ女性だったと、言えるのではないか。


（おもな参考史料『喜連川判鑑』）

そして、この章の最後に挙げるのが、清心尼である。

■清心尼《せいしんに》――知略と愛の女藩主（一五八六～一六四四）

江戸時代、盛岡藩（現・岩手県から青森県）を治めていたのは、南部《なんぶ》家である。この盛岡藩の一藩士として南部家に従いながらも、一族の領地と独立を守り抜いたのが、八戸《はちのへ》家であった。

この八戸家がもっとも困難な局面にあった時、果断な決断で八戸家をまとめ上げたのが、八戸家の第二十一代当主にして、歴代唯一の女当主であった清心尼である。

慶長十九年（一六一四）。八戸家の当主である八戸直政《なおまさ》が病死する（暗殺説もある）。この時、跡取りがまだ決まっていなかったので、直政の正室が、女性ながら当主の座に就いた。

彼女の母は、八戸家が仕える南部家の出身である。当時、南部家の当主で初代盛岡藩主だった南部利直《としなお》は、これをチャンスとばかりに、自分の手の者から彼女の再婚相手を送ろうと企てた。

半ば独立国であった八戸家の領地を、完全に自らの手中に収めようとしたのである。このパターンは、今川氏真と井伊次郎法師の関係に、通じる。

利直の企てに気づいた彼女は、八戸家の独立を守ろうと決心する。そして、自らの意思で出家し、清心尼と称した。

出家して尼となったからには、結婚はできない。彼女は、この手段を取ることで、南部家の「八戸家乗っ取り」の計画を、見事に打ち砕いたのである。

だが、利直はあきらめなかった。

強引に八戸家の領地を奪う政治工作に出た。結局、八戸家は領地の一部を南部家に奪われてしまう。

すると、清心尼は「理不尽である」と猛抗議した。

清心尼のあまりの激昂ぶりに臆した利直は、

「この領地は治安が悪いので、南部家がいったん預かることにしただけだ」

と、その場逃れの言い訳をした。が、これを聞くや清心尼は、すかさず、

「では、その言葉を示した証文を書いてください」

と利直に迫り、見事に証文を手に入れた。

利直は、八戸家に弱みを握られたことになり、八戸家に強気に出られなくなった。政治交渉としては、南部家と八戸家、痛み分けとなったのである。

これも、清心尼の、宗家に対して一歩も引かず八戸家を守ろうという強い独立心が、為しえた結果である。

しかし利直はシツこい。なおも「八戸家乗っ取り」をあきらめなかった。

今度は、清心尼の娘に、自分の子飼いの武将を婿として送り込もうとした。だが、清心尼は、これまたキッパリと拒絶した。

そして、八戸家への忠義厚い家臣の新田家から婿を迎え、これを自分に次ぐ第二十二代八戸家当主とした。これが、八戸直義《なおよし》である。

相次ぐ清心尼の反抗に、業を煮やした利直は、ついに強硬手段に出る。

八戸家が自分の意のままにならぬ、というのなら、いっそ辺鄙《へんぴ》な地へ移封する――という無茶な命令を、下したのである。

言ってみれば「一家挙げての島流し」みたいなものである。

八戸家に移封が命じられたのは、荒れ果てた地の「遠野《とおの》」(現・岩手県)であった。

遠野は、南部家が慶長六年(一六〇一)に、侵攻して直轄地とした地である。元もと遠野は、鎌倉時代から地元の名家である阿曽沼《あそぬま》家が四百年来治めていた土地だ。領民たちは、阿曽沼家への愛着が深く、南部家の支配を受け入れようとしていなかった。

それだけに、地元民は南部家を、いわば〝進駐軍〟のような目で見ていた。

そうした事情から、この時期の遠野は、ほとんど無政府状態だったのである。八戸家は、とんでもない厄介な土地に移されることになったわけだ。あきらかに、利直の嫌がらせであった。

遠野移封を命じられた時、八戸家の家中は、

「もはや南部家の仕打ちには、堪忍袋の緒が切れた」

とばかりに、猛反発した。第二十二代当主の八戸直義も、断固としてこの「遠野移封」をはねつけようとした。

八戸家は、南部家と一戦交えるところにまで、怒りがヒートアップしていた。

だが当時はすでに、徳川幕府による全国支配が確立していた頃でもある。

「ここで、八戸家と南部家が戦となれば、幕府に介入の口実を与え、幕府に両家とも取り

潰されてしまうでしょう」

清心尼は冷静に事態を分析し、八戸家の者たちを懇々と説得して、この「遠野移封」を受け入れさせた。

しかし南部利直の嫌がらせは、執拗《しつよう》だった。

この移封と同時に、利直は、当主の八戸直義に「盛岡城常駐」を命じた。つまり、遠野の支配を八戸家は、当主抜きで為さねばならなくなったわけだ。

そこで、遠野の実質的経営は、すでに政治の第一線を退いていた清心尼が、担わねばならなくなった。彼女は再び、実質的当主として、慣れない新天地で汗を流すこととなる。

遠野に移ってからの清心尼は、この荒れ果てた無法地帯を、八戸家の「第二の故郷」とするため、腐心した。

浪人となっていた旧・阿曽沼家の家臣たちを新たに取り立ててやり、領民たちの言葉にもよく耳を傾けて、争うことなく、力ずくでなく、遠野を平和な領地に築き直していった。

開墾や土木工事にも力を入れ、遠野を、領民の住みやすい土地にするべく力を尽くした。

清心尼の地道な努力の甲斐があって、領民たちも徐々に、清心尼に心を許していった。

遠野は、平和で落ち着いた地へと変貌した。

清心尼の活躍は、八戸で十四年、遠野で十七年、合わせて三十一年もの長きにわたった。

清心尼は、遠野の城下町を活性化させる方法の一つとして、各町家に「雛《ひな》人形」を飾ることを奨励した。そして、人々が互いに、各家の雛人形を「見せておぐんせ」と見物に廻り合うように、勧めた。

じつに女当主らしい、華やかで柔らかな政策である。

この「雛巡り」の行事は、こんにちに至るも、雪深い遠野に明るい春を告げる名物行事として、伝わっている。清心尼の心が、今も息づいているのだ。

強い意志と優しさを兼ね備え、八戸家を守るため、その時その場に応じてあらゆる手立てを講じていった清心尼。

その聡明さと強さは、まさしく江戸時代の北の地に花開いた「女軍の魂」そのものであったろう。

（おもな参考史料『田名部借上証文』）

第四章　幕末動乱の中に散った女軍

中沢琴もここで剣を習った。道場跡に建てられた碑
（群馬県沼田市）

ったろう。

江戸時代と女軍

一見して、ある意味、江戸時代ほど武家社会で「男女格差」が大きかった時代は、なかったろう。

徳川将軍家を筆頭に、各藩主の家、さらには末端の武家に至るまで、家督は、男子が継ぐことが慣例となっていて、武家に生まれた女子は、どれほど人徳や武芸に優れていても、武士になることはできなかった。これは、明らかな「男女格差のシステム」である。

武家に生まれた女子は基本的に、相応の他家へ嫁ぐのが、慣習であった。戦国期の、あの立花誾千代のような女城主は、存在しなかった。

もっとも、だからと言って、実態は武家の家庭内で、女性の地位が異様に低く扱われたわけではない。

江戸時代にあっても武家の女子は、幼い頃から「主婦として家を守る使命」を叩き込まれており、家事全般から礼儀作法、そしてさまざまな芸事や学問を学んだ。そして、嫁入りに際しては、嫁入り道具の一つとして「懐刀」を持っていくのが通常であった。古代から脈々と流れ続けてきた「我が国の文化としての女軍」の名残であろう。

嫁入り後は、家庭内の諸事すべてに、責任を負う覚悟を持っていた。すなわち、世が世ならば、平時はもちろん、夫の出陣の折には、あらゆる自己犠牲を払っても家と家名を守る責任を負うということであり、その精神性は、たとえば、あの細川ガラシアにも通じるものだった。

端的に言えば、江戸時代の武家の女（妻）も、その精神は、確かに「女軍」だった。

さらに、家庭内を仕切るにあたっての家計は、やはり妻の権限として認められており、言わば、妻は「家庭内の財務の責任者」でもあった。決してその地位は、低いものではなかったのだ。

こうした事例については、たとえば、江戸時代晩期の長岡《ながおか》藩筆頭家老の五女で、明治に入ってからアメリカ在住の日本人に嫁いだ杉本鉞子《えつこ》（一八七二〜一九五〇）の自伝的小説『武士の娘』などに詳しい（原文は英文）。

また、一般的な武家においては、夫婦が対等の立場で家庭内の問題解決に奔走した——という事実が、研究者たちによって多数立証されている。

さらに、江戸時代の各藩では、藩主の奥方の警護役を担う者として、武芸を担当する女性がいた。彼女らは、「別式女《べっしきめ》」と呼ばれる武芸の優れた女性師匠から、男子禁制の修業場で、おもに長刀術《なぎなた》などを学んだ。まさしく江戸時代の「女騎そのもの」である。

また、武家の第一子に娘が生まれた場合、表面上の家長として「養子」を取るシステムが確立していたが、事実上の戸主は娘のほうだった。この慣習を「姉相続」と呼び、とくに東北地方では、多く見られた。当然「姉相続」を担った娘は、家の全責任を負った。

つまりは、江戸時代の武家は総じて女が虐げられていた――ということは、あえて言うならば〝現代人の幻想〟である。

武家の女の心の深部には、戦国期などとは形を変えながらも「家と家名を守る使命」という点において、確かに「女軍の魂」が、根付き続けていたのである。

そして、徳川幕府二百六十年の太平の時を経て、幕末の動乱期。

欧米勢力の干渉が顕著になると、これに抗し切れない徳川幕府の権威は失墜し、国内は内乱状態となる。

反・徳川勢力（倒幕派→明治新政府軍）と親・徳川勢力（佐幕派→旧幕府軍）に国内が二

分され、ついには軍事衝突にまで発展する。

慶応《けいおう》四年（一八六八）一月。京都における「鳥羽《とば》・伏見《ふしみ》の戦い」を皮切りに始まる「戊《ぼ》辰《しん》戦争」である。

この戦争の中で女軍が再び、歴史の表舞台に躍り出る。

とは言え「戊辰戦争」は、京都から函館まで戦火が北上していき、一年半にも及ぶ戦争でありながら、やはり戦いの主力は男の武士であり女軍が常に現れていたというわけではない。

本章では、そんな幕末動乱期を駆け抜けた数少ない女軍として、三人の女性を紹介していこう。

（なお、この三人にまつわる史料は多数多岐にわたるため、とくに参考史料は挙げない）

■中沢琴《こと》――佐幕派の女剣士（生年未詳〜一九二七）

幕末の頃、前橋藩（現・群馬県）に、剣の達人で道場を開いていた中沢貞清という人物がいた。

彼には、一男一女があり、この兄妹は、ともに父親の道場で剣の修業に励んでいた。兄の名は貞祇《さだまさ》、妹の名は琴という。

この妹こそ、幕末の動乱を駆け抜けた女軍の中沢琴である。

貞祇も琴も、兄妹そろって剣術の才能に恵まれていた。貞祇は十代後半で、すでに道場一の剣の使い手となっていたという。一方、琴も剣の腕はかなりのもので、とくに長刀、鎖鎌といった武器を、よく使いこなした。

琴が剣術修業に励むことに、父親も兄も反対はしなかった。琴自身も、剣術にのめり込んでいった。

彼女は、太平の江戸時代には珍しい「女軍の魂」の強い持ち主であり、その想いを父や兄から押し殺されることもなく、女軍として心身を鍛えていった。

文久《ぶんきゅう》三年（一八六三）。

第十四代将軍の徳川家茂《いえもち》が、上洛することとなる。「その警護役として京に向かう」という触れ込みで、江戸で「浪士組」の募集が行われた。

この浪士組に、あの近藤勇や土方歳三といった、のちの「新選組」のメンバーがいたことは、周知のとおりである。

そして、この浪士組募集に中沢貞祇も応募を切望した。

「兄上。私も、将軍様のために働きたく存じます。浪士組に入りたく存じます」

浪士組上洛の準備に追われていた貞祇に、琴は訴えた。貞祇は、驚きの顔で妹を見た。

彼女の目は真剣だった。

「気持ちは、分かる。おまえとて、わしと同じく将軍家への忠義の心、厚かろう。だが、おぬしは女ではないか」

「だから、どうだというのですか！　私の剣の腕前は、兄上が一番にご存じのはず。必ずや、将軍家に立派にご奉公いたします」

「うむ……」

貞祇は、妹の決意を無下にしたくなかった。優しい兄である。そこで、琴に男装をさせ、男子と偽って浪士組に入る手を提案した。

「どうじゃ。それで、よいか」

「はい！　もちろんにございます」

かくして、男装の女剣士・中沢琴が誕生したのである。

琴は、首尾よく浪士組に入れはしたが、もちろん当時の浪士組の名簿に「中沢琴」の名はない。男性の偽名を名乗っていたのだ。

浪士組は、いったん京に上る。

が、この浪士組結成のプロジェクトを進めていた清河八郎《きよかわはちろう》が、京に着くや、「浪士組の本当の目的は、攘夷《じょうい》の実行である」

という独断的な爆弾発言をする。これが、清河の本当の狙いだったのだ。

このため、スポンサーとなっていた幕府は、その動きに不安を感じ、すぐさま浪士組を江戸に呼び戻した。当時の幕府は、開国の方針に傾いていたから、「攘夷」すなわち「外国勢力を国内から追放する」という方針は、明らかに幕府への反抗勢力に結びつくからだ(ちなみに、清河八郎は、同年、幕府の刺客に暗殺された)。

この時、あくまでも初志を貫き、京に残って将軍警護の役を果たそうと結束したメンバーが、のちの新選組となる。

新選組は、当時の京都で「尊皇攘夷《そんのう》」のかけ声のもと幕府に反旗を翻していた長州や土佐の藩士を取り締まる、いわば幕府の〝私設警察組織〟として活動を始めた。のちには、会津藩の預かりとなり、幕府子飼いの組織となった。

一方、幕府の命に従って素直に京から江戸へ帰った浪士組は、そのまま解散させられることなく、江戸の治安維持のための警察組織として、再編成された。

これが「新徴組《しんちょうぐみ》」である。

新徴組は初め、幕臣の山岡鉄舟《やまおかてっしゅう》らが責任者であった。が、元治《げんじ》元年（一八六四）には、庄内《しょうない》藩（現・山形県）の預かりとなった。

庄内藩は、譜代大名の酒井《さかい》家が治める藩で、徳川家への忠誠心が、ことに厚い藩である。

そして、中沢貞祇と琴の兄妹も、この新徴組に加入した。琴は、ここでも男装で通した。

琴は、女性としてばかりか、当時の男性に比べても大柄だった。身長が一七〇センチほど、あったという。したがって男装すれば、ふつうの武士に引けを取らない風格であった。

幕末とは言え地方の武家社会には、戦国時代以来の「男色（男性の同性愛）」の風習が残っていた。それで、琴は、周囲の男性からも女性からも言い寄られることが多く、そうした相手の好意を回避するのが、大変だったらしい。

また、琴は、かなり〝血の気が多い〟女性だったようだ。新徴組の活動に積極的に参加し、江戸の治安を乱す倒幕派（長州藩や薩摩藩）の人間を、容赦なく斬り捨てた。

「将軍家に牙を剝《む》く不逞《ふてい》の輩《やから》に、情けは無用です」

琴の将軍家への忠義の心は、彼女に剣を振るわせることを躊躇させなかった。

もっとも、これは、琴だけが特別に猛々しい人間だったというわけではない。元来、幕末の武士たちは、倒幕派の者も佐幕派の者も、まるで「二六〇年間の平和の中で、押さえつけられていた戦闘本能」のうっぷんを晴らすかのように、戦国時代さながらに刃傷沙汰を起こすことが多かった。国全体が殺気だっていた、と言ってもよい。

そんな空気の中で、琴は、思う存分に「女軍の魂」を発揮していたのである。

時代の激変の中で、徳川家茂の跡を継ぎ、当時の幕府将軍職にあった徳川慶喜《よしのぶ》（第十五代）は、老獪《ろうかい》な男だった。

倒幕派に「倒幕正当化の口実」を与えまいと、先手を打った。

なんと、二六〇年来、徳川家が握っていた政権を、朝廷に返してしまった。「大政奉還」である。慶応三年（一八六七）の十月のことだ。

慶喜としては、

「政権運営のノウハウをまったく持たない朝廷は、いきなり政権を返されても困るばかりで、結局は徳川家を頼ってくるだろう」

という腹積もりであった。

だが、倒幕派は、さらにその上を行った。

倒幕派が後ろ楯になって、朝廷中心の新政府を立ち上げたのである。「王政復古の大号令」である。

これ以降、倒幕派は「新政府軍」となり、佐幕派は「旧幕府軍」となる。

さらに、幕府勢力の武力打倒を謀っていた薩摩藩の西郷隆盛は、戦にかけては、徳川慶喜以上に老獪な男だった。

旧幕府軍から戦争を仕掛けさせて内戦に持っていこうと、計画した。

そこで、薩摩藩の息のかかった浪士たちに、江戸市内でさまざまな乱暴狼藉を働かせた。これに業を煮やした庄内藩は、とうとう「江戸の薩摩藩邸焼き討ち」という暴挙に出る。同年十二月のことである。

この焼き討ち事件は、薩摩藩ら新政府軍に、旧幕府勢力の武力制圧を正当化する口実を、与えてしまう結果となる。そして、この事件が「戊辰戦争」の実質的な引き鉄《がね》となった。

要するに庄内藩は、西郷隆盛の罠にマンマとはまってしまったわけである。

この焼き討ちには、庄内藩お預かりの新徴組も、参加していた。その中に、中沢琴もいた。琴はこの時、薩摩藩士と斬り合いになり、左足のかかとを斬られたが、臆せずに戦いつづけた。

新政府軍と旧幕府軍が京都で衝突した「鳥羽・伏見の戦い」は、旧幕府軍の惨敗であった。この情報を得た庄内藩は、江戸在中の藩士を、急ぎ、藩に引き返させた。侵攻してくるであろう新政府軍との決戦に、総力戦であたるためである。

新徴組の多くも、帯同されて庄内藩へ向かった。中沢琴も、その中にいた。

庄内藩は、新政府軍に与《くみ》していた秋田藩らに攻撃を仕掛け、当初こそ連戦連勝であった。だが、新政府軍の本隊が進攻してくると、その圧倒的な物量と最新兵器（海外から輸入した「アームストロング砲」など）の火力の前に、じわじわと敗色を濃くしていく。

そんな中、中沢琴はたびたび、戦場へ真っ先に突き進むと、果敢に新政府軍に斬り込んでいった。

戦火の中で彼女は、十人以上の新政府軍兵士に取り囲まれたが、たちまちに、目の前の三人を斬り伏せ、そのまま一気に窮地を突破したという。

「私は、負けない。最後の最後まで、徳川様の力になるのだ」

彼女の情熱は、まさしく、幕末に花開いた「女軍の魂」の結晶だった。

だが、会津藩をはじめとして、旧幕府軍側だった東北諸藩が、ことごとく新政府軍に押し潰されていくと、ついに、庄内藩は孤立無援となる。そして最後には、降伏せざるを得なくなる。

庄内藩は、よく戦った。旧幕府軍側の諸藩の中で、領内に新政府軍の進攻を許さなかったのは、庄内藩だけである。

「悔しいです。兄上」

琴は、生まれて初めて、人前で涙を見せた。

新政府軍の指揮官だった西郷隆盛は、老獪なだけでなく、武士道精神を重んじる男であった。庄内藩の武勇に敬服し、庄内藩への処分を、最低限にとどめた。

領地の没収と藩主の謹慎だけで済ませたのである。切腹を命じられる覚悟をしていた藩主と家老たちは、その処分の軽さに拍子抜けしたほどである。

そして、この戦に加わっていた新徴組のメンバーも、実質「おとがめ無し」となった。

貞祇が、いたわるように優しい目で、琴に言った。琴は、黙ってうなずいた。

「琴。故郷《くに》に帰ろう」

こののち、中沢琴は故郷の群馬で、近代日本の中、余生を過ごす。

すでに三十歳を過ぎていたが、それでも幾つかの縁談話が、入ってきた。

ところが、琴は、

「私より弱い殿方の元に嫁ぐ気は、ございません」

と、キッパリ言ってのけた。そして、求婚者と剣の試合で立ち合うという、とんでもない〝見合い〟を、しつづけた。

結局、彼女に勝てた男は一人もいなかった。

琴は、生涯を独身で過ごした。享年八八とも伝わる。昭和二年（一九二七）に没した。歳を経てからは、酒を呑んで剣舞を舞うのが、唯一の趣味だったという。

最後の最後まで、女軍であろうとしたのである。

■中野竹子《たけこ》――会津の女防衛隊長（一八四七～一八六八）

「戊辰戦争」において、もっとも苛烈だったのは、新政府軍の会津攻め「会津戦争」である。

会津藩主松平《まつだいら》家の初代であった保科正之《ほしなまさゆき》は、第三代将軍・徳川家光の異母弟で、当時の幕府の事実上の首脳である「大政参与」にも就いている。彼は、きわめて純粋に徳川家への忠義を貫く生涯を全うした（保科正之は生前、徳川家ゆかりの「松平」姓を幕府から賜っている）。

会津藩は、二二〇年間、正之の遺訓を守り続け、江戸時代を通じて、もっとも徳川家への忠誠心が厚かった藩である。

また、文武両道を重んじ、藩の創設以来、藩士には武士道精神を徹底的に教育していった。会津藩の武家の人間は、男ばかりか女も、武士道精神を強く胸に刻んでいた。

新政府軍と会津藩が本格的に衝突したのは、慶応四年（一八六八）閏四月の「白河口の合戦」からである。

白河藩は元来、幕府直轄地だったので、会津藩がこれの防戦にあたった。が、「白河城」は落城。こののち、会津藩は各方面で新政府軍に敗れつづける。

そして、ついに同年八月、追いつめられた会津藩は、本拠地の「会津若松城」（地元では「鶴ヶ城」と呼んでいた）での籠城戦に入る。

この籠城戦では、女・子供を含めて多くの藩士が、城に籠もった。ただし、妊婦や老人など、戦力にならない者は城に入れられなかった。そのため、家老であった西郷頼母《さいごうたのも》の屋敷では、年老いた母や妻など、一族二十一人が自刃したという悲劇さえ起こっている。

つまり、会津若松城に籠もった女性たちは皆「藩の戦力」として、自覚していたわけであり、その意味で彼女たちは、まさしく会津藩の女軍であった。

会津若松城は、必死に抵抗を試みた。城内の女性たちは、兵糧の炊き出し、負傷兵の介護、そして弾丸や大砲の砲弾の鋳造などに、奔走した。

また、中には、城内にいた藩主の義姉である照姫《てるひめ》を護衛する役割を担った者も、いる。

そして、そんな会津の女軍たちの中には、果敢に城外で新政府軍と刃を交えた者さえ、いたのである。

その代表とでも言うべき女軍が、中野竹子という女性だ。

竹子は、会津藩の江戸詰めの役人の長女として生まれた。つまりは、江戸の生まれである。幼い頃から聡明で、さらに、長刀術と短剣術の鍛練に励み、長刀は免許皆伝ほどの腕前だったという。十代の頃から、女丈夫《じょじょうふ》として評判の女性であった。

ちなみに、彼女の妹の優子も、そんな姉を慕い、武術に励んでいた。

やがて、江戸において藩の重臣の縁者との縁談がまとまった。ところが「戊辰戦争」が勃発すると、竹子は結婚話をかなぐり捨てて、家族そろって会津へ帰った。新政府軍との戦いに参加するためである。

彼女は、まさに、「会津の女軍」そのものだったのだ。

会津に戻ると、彼女は、武家の若い女性たちに道場で長刀を教えた。

「女なりと言えども、この会津に攻めてくる逆賊に、ひと泡吹かせてやりましょう」

竹子は、皆を励ました。リーダーシップのある女性だったのだ。

「お姉様。私も戦います」

優子も、竹子に最後まで付き従うことを、自ら約束した。

この時期、竹子の男勝りぶりを伝える、ちょっとしたエピソードがある。

竹子が行水を使っていた時、若い藩士たちが、これをコッソリのぞき込もうとした。どうにも、男というものは、どんな極限状態にあっても、こうした点は変わらないものである。

この時、竹子はその視線に気づくや、恥ずかしがるどころか、

「無礼もの！」

と一喝、長刀を持ち出して、男たちを追い払ったそうだ。

八月。

会津若松城下に、新政府軍侵入を知らせる早鐘の音が鳴り響いた。

「敵です。母上、優子、早く城へ！」

竹子たち母子は、籠城戦に参加すべく城へ急ぐ。

ところが、わずかに遅かった。竹子たちが城に着いた時には、すでに門が閉められていた。

「こうなったからには、城外で敵を待ち構え、一人なりとも討ち取りましょう！」

竹子は、ひるむどころか、無防備の身で戦うことを決心する。

「竹子様。私たちも」

この時、やはり城に入り損ねていた数人の女性が駆け寄ってきた。彼女たちは、竹子に長刀を教わった者たちである。

「ええ、ええ。ともにご主君のために」

こうして、図らずも、会津武家の女軍たちによる〝義勇軍〟が誕生した。彼女たちは、のちに、会津戦争の悲劇を伝える「婦女隊」と呼ばれる。

話を聞きつけ、竹子たちのように、城に入れず新政府軍と城外で戦おうとする会津の女軍たちが、その後も続々と集まってきた。「婦女隊」は、二十人ほどまでになった。皆、意気盛んな女軍たちだった。だが、この時、竹子には一抹《いちまつ》の不安があった。妹の優子のことである。

優子は、戦いの志こそ立派なものの、竹子から見れば、まだまだ武術は未熟だった。

「戦になれば、私は優子一人を守ってやるわけにはいかない。きっと優子は、敵に捕らえられ、薩長の野卑な連中に辱めを受けるだろう」

妹が惨めに敵の慰みものになることが、竹子には哀れでならなかった。

「そうなるくらいなら、いっそのこと」

竹子は、仮眠を取っている優子を、我が手で一思いに殺そうと、短剣をかざした。と、それに気づいた婦女隊の一人が、あわてて止めに入った。

「竹子様。何をなさるのです！」

「妹のためです。会津武士の女の名誉のためです」

竹子は、震える声で、答えた。優子は、この騒ぎに気づき、目を覚ました。皆、竹子の気持ちを察した。

「姉上。お心づかい、ありがとうございます。けれど、だいじょうぶです。敵の手に落ちるくらいなら、私は我が胸を剣で突き刺して、見事に果てて見せます。決して、会津武士の女の誇りを汚させやしません」

優子は涙を浮かべながら、それでも、はっきりとした声で答えた。

「優子……」

姉妹は抱き合い、ともに討ち死にすることを誓い合った。

それからほどなくして、婦女隊に一報が入る。

「照姫様が城に入れず、村に避難なさっている」

これを聞きつけた竹子は、すぐさま婦女隊を引き連れて疾走する。

「照姫様をお守りせねば」

もっとも、これは誤報であった。前述のとおり、照姫はすでに城内にかくまわれていたのである。

「よかった……。ならば、私たちのすべきことは、ただ一つ。ご主君や照姫様のおられる城に、敵を近づけさせないことです」

婦女隊は、再び会津若松城に向かい、門の前の警護にあたろうとする。

城外の宿に駐屯していた会津藩の家老は、竹子たちの動きを知るや、

「女に、城を守らせることはできぬ」

と、初め難色を示した。

だが、竹子は、

「許してくださらぬ、とあれば、我ら一同、会津武士の女の面目を守るため、この場で自害いたします」

と、詰め寄った。この竹子の鬼気迫るほどの申し出に、家老も感服し、婦女隊を正式に城の防護役に就けた。

婦女隊は、よく戦った。

攻めてくる新政府軍は、婦女隊を見るや、

「おい。あれは女じゃ。生け捕って戦利品にしようぞ」

と、軽くあしらえると高を括っていた。ところが、彼女らの抵抗があまりに激しいので、最後には双方が必死で戦うこととなり、新政府軍は婦女隊に向けて、形振《なりふ》りかまわず、鉄砲を撃ちかけた。

婦女隊も負けじと、鉄砲や長刀で応戦する。鉄砲・長刀と言えば、女軍の武器の「十八《おはこ》

番《こ》」である。壮絶な戦いとなった。

「このままでは埒《らち》が明きません。一挙に攻めましょう！」

先に動き出したのは、婦女隊であった。彼女らは、長刀を振りかざして、敵陣に突っ込んでいく。あわてたのは新政府軍である。

「近づけさせるな。撃て、撃て、撃てー」

竹子の長刀は、素早く正確だった。たちまちに、新政府軍の何人かを斬り伏せた。

が、その時！

竹子は、胸にズシンと重たいものがめり込んだような感触を覚えた。たちまち身体から血の気が引いていった。ドクドクと生暖かい鮮血が胸から流れる。

「あ。撃たれた」

と思うと同時に、竹子はドッと倒れた。

「姉様ーっ」

優子の声が、かすかに聞こえた。

それが最後だった。

中野竹子、討ち死にの瞬間である。

この時、竹子は虫の息で、最後の力を振り絞り、近寄ってくる優子や仲間に遺言を残した。

「私の首を敵にわたさないで。どうか、私の首を取って、持っていって……」

ふつうなら即死の傷である。が、竹子の「女軍の魂」は、意識もうろうの中で、最後に壮絶な願いを告げた。

「わかりました。姉様」

優子は涙をいっぱいためながらも、

「御免！」

と、自ら姉の介錯をして、首を刎《は》ねた。

そして戦場の混乱の中、竹子の首をかかえて寺へと急ぎ、寺の梅の木の下に埋めた。

竹子は、出陣の折、愛用の長刀の柄の部分に、一首の歌をしたためた短冊を、くくり付けていた。ちょっとしたおしゃれな飾りのつもりだったのだろうか。女性らしい細やかな心持ちを、感じさせる。

けれど、その短冊の歌は、じつに勇気あふれるものである。

もののふの　猛き心に　比ぶれば
　数にも入らぬ　我が身ながらも

こんにち、竹子が戦死した地には、彼女の像が建てられている。その姿は、長刀を構えた凛々《りり》しい女軍の姿である。

■山本八重《やえ》――会津若松城に燃えた女軍の花（一八四五～一九三二）

リーダーの中野竹子を失った婦女隊のうち、生き残った者は、新政府軍の虚を突いて、大急ぎで城内に入っていった。

竹子の妹の優子も、その母も、城に入った。

竹子の母は、そこで一人の女軍と遭遇する。

山本八重である。

山本八重は、当時の会津藩の砲術師範であった山本権八《ごんぱち》の娘として生まれた。八重には兄があったので、ふつうならば、権八は、この兄にだけ砲術を伝授するところである。だが、八重は子供の頃から、じつに利発で、砲術にも大いに興味を持っていた。権八は、そんな八重を可愛がり、兄に砲術を教える時に幼い八重がそばにいるのも許した。八重は、鉄砲や大砲といった火器に、子供の頃からたいへん熱中していた。このへん、やはり彼女も、生まれながらの女軍であった。

彼女はメキメキと腕を上げ、ことに鉄砲にかけては、兄をもしのぐほどの腕前となった。射撃の腕ばかりでなく、鉄砲の分解や組み立てといった整備作業もお手のもので、若くして、一流の鉄砲のスペシャリスト、まさに幕末の名スナイパーとなっていた。

幕末の東北諸藩は、新政府軍の薩摩藩や長州藩に比べれば、戦力の近代化が圧倒的に遅れていた。それでも山本家は、役目柄、最新の武器を手にする機会が得られた数少ない家だった。

「八重。これが西洋の最新の銃じゃ」

権八はツテを頼って手に入れた「スペンサー銃（新政府軍の主力武器）」を、八重に惜しげなく、持たせてやった。

「この銃はな、いちいち弾込めせんでも、続け様に撃つことができる。これが数そろえば、敵が幾万あろうと、会津は無敵じゃわい」

権八の言葉に、八重は眼を輝かせ、胸を躍らせた。

「これさえあれば、どんな敵からも会津を守れる」

八重は、中央から遠く離れた東北の地で、いち早くスペンサー銃の戦における重要さを、直観的に見抜いた。戦にかけては、女性ながら天才的な閃《ひらめ》きの持ち主だったのだ。

八重はまた、体力がズバ抜けていた。十三歳の頃に、四斗俵（約六〇キロ）を、ヒョイヒョイ持ち上げていたという。女軍として十分な体力も持っていたのだ。

慶応元年（一八六五）。二十一歳で、藩校の教授と結婚する。

何事もなければ、鉄砲は彼女の趣味にとどまり、平穏な暮らしを送ったことだろう。

だが、慶応四年（一八六八）「会津戦争」勃発。八重は、新政府軍の侵攻にそなえて、家族総出で防戦態勢に入る。

あの「白虎隊《びゃっこたい》」にも、彼女は銃の使い方を教えたという（もっとも、白虎隊の少年兵たちは、銃をあまり重視せず、刀で新政府軍と斬り合うことが多かった）。

新政府軍が侵攻してくると、八重はいち早く会津若松城に入り、籠城戦の最前線に立った。

断髪し、男装して、腰には刀を差す。だが、彼女にとって刀は、武士の装束のたしなみでしかない。

八重は、

「この銃で、薩長のやつらを城に近づけさせない」

と、七連発式のスペンサー銃を強く握り締めた。

子供の頃から半ばアソビ道具として銃に慣れ親しんでいた八重の射撃の腕は、この頃には、男の武士顔負けだった。

籠城戦の最前線である城の「三の丸」から、攻めてくる新政府軍に狙いを定め、次々に敵を撃ち抜いていく。まさしく「銃は女軍の武器」といった伝統を、幕末という時代で、八重は見事に体現してみせた。

やがて、あの婦女隊の生き残りが、城に入ってくる。その中にいた中野竹子の母は、銃を持って城内に待機している八重を見つけると、恨めしそうに、八重に詰問した。

「私の娘は、城の外で敵と斬り合い、討ち死にしました。あなたはなぜ、城の外に出てきて、私たちを助けてくれなかったのですか」

竹子と同じ年頃の八重を見て、竹子が死んだ無念が、思わず八重にぶつけられたのだ。

だが、八重は静かに答えた。

「竹子様は、ご立派な方でした。会津武士の女の誇りです。しかしながら、中野様。私は、これで城を守っております」

八重はそう言って、スペンサー銃をそっと、竹子の母に握らせた。

「情け無用で攻めてくる薩長の連中には、誇りある武士の一騎討ちは、通用しないのです。銃でこそ、敵の攻撃を防げる。これが、残酷な現実なのです」

竹子の母は、涙を流しながら、スペンサー銃をなでた。

「そうですか。そうなのでしょう……」

竹子の母も、また武士の女である。八重の言葉は、納得のできるものだった。長刀を振りかざして雄々しく戦いながら、敵の銃弾に倒れた竹子が、一層に不憫《ふびん》に思えた。

「分かりました。我が娘の弔い合戦とは申しませぬが、私も会津武士の女。城を守るために、微力なりともお手伝いしたい。山本様。この銃の使い方を、どうかお教えください」

「私も！　私も、どうか」

母の傍らにいた優子もまた、八重に頭を下げた。

「どうぞお顔をおあげください。ともに、城とご主君をお守りするため、戦いましょう。私にできることは、何でもさせていただきます」

八重は、竹子の母の手を取った。

「竹子様も、きっとそう望んでおられるのではないでしょうか」

「ええ、ええ」

竹子の母と優子は、闘志に燃える眼で八重の言葉に、何度もうなずいた。

こののち、竹子の母と優子もまた、八重とともに狙撃手として、最前線に立つ。

八重の活躍は、これにとどまらない。

元もと、砲術師範の娘である。

「恐れながら」

と、主君の前で砲弾を分解して見せ、

「こんにちの大砲の玉は、以前のような、ただの鉄の玉ではございません。火薬を含み、当たれば破裂いたします。くれぐれも身辺のご安全に、ご配慮を」

と、進言した。

さらに、夜には銃を持って城外にコッソリ出ると、敵陣に射程距離まで近づき、新政府軍の敵将を狙撃する——という作戦を、敢行した。

敵陣で灯しているわずかな松明《たいまつ》の明かりだけを頼りに、彼女は新政府軍の将に狙いを定め、狙撃をした。八重のこの隠密作戦は、ことごとく成功し、夜の新政府軍を震撼させた。

事実、この「会津戦争」で新政府軍の将がかなり、夜間に狙撃されている。その大半は八重の銃によるものだったという。

新政府軍は圧倒的な物量作戦で、会津若松城を攻め落とそうとした。一説によると、日に七〇〇〇発の銃弾が、会津若松城めがけて放たれたという。

最前線で城を守る者にとっては、休む間もなく銃弾が、自らのそばをかすめて飛んでくるわけである。これは、常人なら、とても生きた心地がせず逃げ出したくなるところだ。

しかし、八重はいっさい引かなかった。

それでも、衆寡《しゅうか》敵せず。

会津若松城は、兵糧も弾薬も尽き果て、東北諸藩の援軍も期待できなくなっていた。

「撃てー」

明治元年九月。

新政府軍は「とどめを刺さん」とばかりに、五十門の大砲から、それぞれ五十発ずつの砲弾を、会津若松城に撃ち込んだ。

城内は砲弾の爆発に崩れ、あちらこちらで火の手があがった。人々は砲弾の爆発に打ち砕かれた。

介護室は、腕がもげ、足がつぶれ、血塗《ちまみ》れとなった負傷兵で立錐《りっすい》の余地もないほどになった。そんな中、会津武士の女軍たちは懸命に看護をつづけた。

籠城は、一カ月の長き時を耐えた。だが、限界を超えていた。

ついに、会津藩主・松平容保《かたもり》は、新政府軍に降伏することを決意する。

九月二十二日。会津若松城の北追手門に「降参」とはっきり書かれた白旗が、掲げられた。

すべては終わった。

記録によれば、降伏時の城内にいた者、総勢五二三五人。このうち女性は、奥女中が六四人。その他、五七五人。じつに一割以上が女軍であった。

松平容保は降伏後、新政府軍に嘆願書を送っている。その中には、

「一般領民と武家の婦女子は、元来が無知な者で、この戦の意味も分からず自主的に参戦していたわけではないから、すべて赦免してほしい」

と、記されていた。

これをして「会津藩は『女軍』を正当な戦力として評価していなかった」とする現代の研究者も、いる。だが、中野竹子や山本八重たち会津の女軍が必死に戦っていた姿は、容保も確かに見てきたはずである。この文面は、容保の、彼女たちに対する、せめてもの陳謝の意を込めたものだろう。

この容保の嘆願によって、会津戦争ののち新政府軍は会津の女軍たちを、あえて処分の対象とはしなかった。それはまた、新政府軍の「武士の情け」の表れでもあった。


八重は、戦いの中で夫と別れ別れとなり、その夫婦関係は、自然消滅していた。夫は戦後に新政府軍の捕虜となったので、二人が再び暮らしをともにすることはなかった。

結局、八重は、明治四年（一八七一）に正式に離婚する。

こののち、八重が明治の近代思想家にして同志社大学の創設者である新島襄《にいじまじょう》と再婚し、

新島に献身的に尽くしたことは、また別の話である。

だが、彼女は、明治の世となったその再婚時代にも「女軍の魂」を失わなかった。新島が公権力と対峙した時には、新島にとってもっとも頼れるパートナーであった。

明治二十三年（一八九〇）に新島が急逝したあとは、日本赤十字社に加わった。これは、戦時における従軍看護婦を、彼女が目指したからだ。

そして実際、明治二十七年（一八九四）の「日清戦争」では、広島陸軍予備病院で、負傷兵の看護をしながら、兵士たちを励ました。

明治三十七年（一九〇四）の「日露戦争」では、大阪にある陸軍予備病院で看護婦として奔走した。

そんな彼女を、人々は「日本のナイチンゲール」と呼んだ。

昭和七年（一九三二）死去。八十六年にわたる波乱の生涯であった。が、その最期まで、確かに彼女は女軍であった。

彼女の勇敢な魂を慕って、葬儀には四〇〇〇人もの参列者が集い、八重との別れを惜しんだという。

第五章　近代、封殺された女軍の魂

近代において「女軍」の
精神を体現した福田英子
（右上）、下田歌子（左）、
吉岡弥生（右下）

神功皇后の復活?

明治十四年（一八八一）。

明治政府は、ある紙幣を発行した。

さて、紙幣というと、歴史上の人物の肖像画を用いるのが海外での通例である。明治政府もこれに倣ったが、その紙幣に用いた肖像画は、なんと神功皇后であった。

「富国強兵」を目指していた明治政府には、「歴史上の武力的強者を紙幣に用いよう」という発想が、まずあった。そこで眼を付けたのが、「三韓征伐」を果したと伝えられる神功皇后だったわけである。

それにしても、言わば「国のシンボル」である紙幣の肖像画を女性としたところが、興味深い。なんとなれば、「男尊女卑」が文化として根付いている国であったなら、まず考えられない事態であったろうからだ。

逆に言うなら、江戸時代の文化が国民の意識の底に残っていた明治時代の初期にあっては、文化としての「男尊女卑」はなかった——ということである。

しかし、明治政府はこののち、急速に国の文化を欧米式にすり替えようと、あらゆる政策を打っていく。その中で「男尊女卑」という欧米の文化的認識もまた、自然と〝輸入〟していくこととなる。

近代の女性の地位

こうして、明治政府は中期以降、欧米に倣って「男権」を優先する法体制を取り入れた。近代日本においては、女性は、法的にも慣習的にも、はっきりと「男尊女卑」の下に地位を押さえつけられたのである。

戦国時代には、女性が当主となることも可能であった。が、近代では、家長は男性に限られ、男系のみが一族の系譜となった。じつは、長い歴史の我が国において、近代こそが「女性の地位が、もっとも低からしめられた時代」だったと言える。

こうした時代の中で、幕末まで脈々と受け継がれてきた「女軍の魂」は、ほとんど封殺された。

「女は、男に従うもの」といった時代環境の中にあっては、たいていの女性は、主体的に生きることさえ許されなくなっていたのである。

それでも、そんな時代の潮流に抗して、女性の自立を目指す近代女性たちも、いた。

たとえば、あの森鷗外や夏目漱石さえもが、その名文に賞賛の声を惜しまなかった、夭折の天才女流作家・樋口一葉《ひぐちいちよう》（一八七二～一八九六）。

「元始、女性は太陽であった」と宣言し、日本女性の権利を取り戻そうと活動を展開したパイオニアの平塚らいてう（一八八六～一九七一）。

女性実業者として大成し、さらには、日本初の高等女子教育の学校「日本女子大学校」の創設に尽力した広岡浅子（一八四九～一九一九）。

幼くして海外に留学し、帰国後に近代女子教育の礎を築いた津田梅子（一八六四～一九二九）。

我が国初の女性ジャーナリストとなった羽仁《はに》もと子（一八七三～一九五七）。

彼女らは、武器は持たなかった。だが、それぞれの人生の中で、確かに戦っていた。「武器を持たない女軍」がわずかながら、近代の我が国にも、いたのである。

「女軍の魂」は、ひっそりと、しかし確実に、息づいていたのだ。

そんな彼女たち「近代の女軍」の中から、この章では、二人ほど、少し詳しく紹介しておきたい。

この二人は、ある意味において、まったく対照的な生涯を送った。しかしながら、その生涯を貫いた信念・信条は、まさしく「近代の女軍」と呼ぶにふさわしいものだった。

■福田英子《ひでこ》――東洋のジャンヌ・ダルクと呼ばれた女（一八六五〜一九二七）

「景山《かげやま》さん。これが、例のものだ。君が大阪まで運んでくれ。よもや女性のカバンに入っているとは、当局の連中、誰も思うまい」

そのカバンは、確かに女性の手荷物らしい、華奢《きゃしゃ》なものだった。しかし、ズッシリした重みがあった。

中身は、カバンいっぱいの爆弾である。

「はい。確かに」

しかし英子には、一片の躊躇《ちゅうちょ》もなかった。真剣な眼差しで、しっかりとカバンを受け取った。

景山英子。のちの福田英子。二十一歳の秋のことである。

英子は慶応元年（一八六五）、すなわち明治維新の三年前に、岡山藩の下級武士の子として生まれた。

幼い頃から利発で、それだけに芯の強い娘であった。両親は、ともに学問のある人で、英子の教育に熱心だった。

時代が大きく変動する中で、英子は両親の期待に応え、すばらしい成績で学校を卒業した。明治十二年（一八七九）。十五歳になると、なんと小学校の助教に抜擢《ばってき》され、早くも教壇に立つ身となった。

十六歳になった年、英子に縁談話が舞い込んできた。相手は、若くして有能で、将来を属望されていた海軍軍人だった。もちろん両親も大乗り気だった。

ところが、

「私、嫌です。親に決められた結婚は、いたしません」

英子は、この縁談をキッパリ断った。

明治時代に入って十年余り。当時の時代状況を鑑みれば、これは「異様なこと」でさえあった。娘は、家が決めたままに結婚するのが「世の常識」となっていたからだ。

なぜ女は、親の言いなりにならなければいけないのか？

なぜ女は、家庭に入って「夫の支配」を受けなければいけないのか？

これが、英子の「純粋な疑問」だったのである。それは、まさしく「女軍の魂」の近代における現出だったと言えよう。

そしてこののち、英子のそんな想いに呼応するかのように、大きな社会運動が起こる。

「自由民権運動」である。

言うまでもなく、明治維新を成し遂げた薩摩・長州閥の専制的な体制に対して、広く国民の自由平等の権利を求める政治運動だ。英子の故郷である岡山でも、運動は盛んだった。そして、自由民権運動は「女性の権利の獲得」も、目的の一つとなっていた。

明治十五年（一八八二）四月。

女性運動家として名高い岸田俊子（一八六四～一九〇一）が岡山へ、演説会を開くため訪れた。

俊子は当時、鮮やかな弁舌で、全国的に自由民権運動の演説会のスターだった。

「日本の女性は、この男尊女卑の世の中を打破し、人間としての権利を勝ち取らなければなりません」

俊子の朗々かつ堂々とした演説に、英子の心は大きく動かされた。

「そのとおりだわ。私たち女は、今の世の中を変えなければ」

英子の、それまでの漠然とした社会批判の想いは、俊子の言葉によって、明確な自覚へと変わった。英子の「女軍の魂」は、はっきりとした方向を見出した。

翌・明治十六年（一八八三）十二月。

英子は母親や地元の女性仲間と、私塾を開いた。無学の女性たちに読み書きから始めて、広く教養を身に付けさせることを目的とした塾である。

「女性は、家の奴隷ではない。立派に独立した一人の人間だ。そうあるためには、学ばなければいけない」

塾は、そうした英子の理想をかなえる場所だった。より多くの女性が集ってくれることを祈って、「蒸紅学舎《じょうこう》」と名付けた。

ところが、これが県に目をつけられた。

時の政府は、国家体制と対立する自由民権運動を潰すことに、躍起になっていた。そして蒸紅学舎も、自由民権運動の巣窟の一つとして見られたのだ。

蒸紅学舎は、わずか一年で県令から廃止命令を受ける。まさしく権力による弾圧そのものであった。

英子は、怒りにふるえた。明治政府が女性の権利を封じ込めようとしている実態を、身をもって痛感したのである。

「教壇に立っているだけでは、私たち女の権利は勝ち取れない。私も、自由民権運動の活動家になる」

岸田俊子の言葉に目覚め、蒸紅学舎を廃された悔しさを噛み締めた英子は、こうして故郷を捨てる決意を固めた。

そして、明治十七年（一八八四）の秋。

英子は独り、上京した。家族の誰にも想いを告げず、家出同然の出奔だった。

そして、わずかなツテを頼って、自由民権運動に身を投じる。

翌・明治十八年（一八八五）。

この頃は自由民権運動が一種の行きづまりを見せていた。さらに、時を同じくして、海の向こうの朝鮮でも、大きな政治闘争が起きていた。

この頃、朝鮮では、超大国「清《しん》国（中国）」への従属を強めていた体制側と、あくまでも朝鮮人民の自主独立を目指す反体制側のあいだで大きな衝突が、あったのである。

そこで、自由民権運動家の一部過激派たちが、この反体制側に加担して朝鮮人民の独立を手助けすることで、国内の運動に弾みをつけようと考えた。彼らは、実際に朝鮮へわたって、この政治闘争に武力で介入しようと企てたのである。

そして英子も、この過激派の一員に名を連ねたのだ。彼女は、自ら戦火に身を投じる決意をしたという意味において、まさしく正真正銘の「近代の女軍」となった。

この朝鮮への直接介入を企てた過激派の中にあって、女性は、英子一人だけだった。そこで、政府の目をごまかすため、英子は渡航の際の爆弾運搬係を命じられたというわけだ。「言葉だけでは、世の中は動かせない。実行しなければ」

英子の純粋な「女軍の魂」が、過激な行動に走らせたのである。

ところが、この渡航計画は、すんでのところで露見し、英子ら自由民権運動過激派は、明治政府に一斉検挙、逮捕される。同年十一月のことである。この事件は、日本近代史において、のちに「大阪事件」と呼ばれる。

こうして、英子は、獄中の人となった。

当時の牢獄生活となれば、男にとっても過酷なものだ。ましてや、決して身体の丈夫なほうではない女性の英子には、辛く苦しいものだった。英子は、とうとう獄中でチフスにかかり、生死の境をさまよった。

それでも英子は、裁判の場では、凜とした態度を崩さなかった。傍聴の人々は、その毅然とした二十一歳の若い女性の姿に、正邪の判断を超えて感動した。

英子は、世間に「東洋のジャンヌ・ダルク」と称された。

明治二十二年（一八八九）二月。

刑期を終え、ようやく出獄。英子の身体は、すっかり弱っていた。

そして、英子の出獄のわずか三日後に、「大日本国憲法」が発布される。自由民権運動は、明らかに衰退、沈静化の兆しを見せていた。

けれど、英子の「女軍の魂」は、まだ脈動することをやめていなかった。

「確かに、憲法は発布された。この国の権力の姿も、少しずつ変わりつつある。でも、女の地位の低さは、ちっとも変わっていやしない。私は、まだまだ戦う」

こののち、英子は、「大阪事件」の首謀者であった自由民権運動家の大井憲太郎《おおいけんたろう》（一八四三〜一九二二）と結ばれる。当然、大井も「大阪事件」で逮捕され、苦しい獄中生活を強いられた。そして英子とほとんど前後して出獄していたのである。

英子は、大井と内縁関係となって、大井の遊説の旅に同行する日々を送った。

翌・明治二十三年（一八九〇）には、大井の子を出産する。元気な男の子だった。

ところが、大井は、別の女とも関係を持っていた。しかも、その相手は、英子の友人だったのだ。

「裏切られた。私は、弄ばれたんだ」

英子は、怒りと悲しみの中、大井と決別した。

もっとも、英子は「男の身勝手にただ耐え忍ぶだけの女」では、もちろんなかった。なんと英子は、大井と別れるにあたり、子供を自分の手元に置き、さらには大井に慰謝料として、五百円もの大金を払わせている。大井としては、完全に自分に落ち度があるのだから、英子に強気に出られれば、言いなりになるしかなかったのである。

英子は、そのカネを元手に「女子実業学校」という学校を開校する。

「男に人生をゆだねる女の生き方なんて、もうコリゴリ。これからは、私みたいな思いをしなくて済む『本当の自立した女性』を、私の手で育てていこう」

英子は再び教育者の道を歩もうと、決意したのだ。

しかし現実は厳しい。

学校の経営は、なかなか軌道に乗らなかった。しかも、この数年のあいだに英子の親族身内が次々と亡くなるという不幸が、重なった。

結局、身内からの協力も頼れなくなり、家計は火の車が続き、学校は三年ほどで廃校せざるを得なかった。

英子が独り人生に悪戦苦闘していたそんな頃、明治二十五年（一八九二）。英子の前に、また別の男が現れた。

英子という女性は、どうにも男を引きつける魅力があったらしい。それが彼女にとって幸運なことかどうかは、別にして。

英子にプロポーズしてきたのは、福田友作《ともさく》（一八六五〜一九〇〇）という左派のジャーナリストである。

思想的にも英子に近く、鷹揚《おうよう》な性格も似通っていた。さらに、二人は同じ歳であり、話もよく合った。

そして英子は、このプロポーズを受け入れ、福田との同棲生活を始めた。正式に入籍したのは明治三十一年（一八九八）で、英子が「福田」姓になったのは、この時からである。

二人の仲は、最初こそ睦まじいものだった。英子は積極的に、女性の社会進出のため、論文執筆や講演会などの活動に奔走し、福田もよく協力してくれた。

しかし家計のほうは、困窮をきわめた。

人の精神は、やはり「貧しさ」には、なかなか勝てるものではない。生活苦や子供の教育方針が原因で、二人の仲は、やがて夫婦げんかの絶えない日々になっていった。福田は、たびたび英子にひどい暴力を振るった。

「私は、愚かだった。どうしても男に頼ってしまう自分が情けない」

英子は、自責と後悔の念にさいなまれた。

福田との暮らしの中で、英子は三人の子をもうけた。が、三人目の子供が生まれた頃から、もともと不安定だった福田の精神は、とうとう完全に破綻を来した。そして前々からの病に倒れ、わずか三十六歳の若さで病没した。

そして、明治四十年（一九〇七）。すなわち福田が死んで七年後。英子は、協力者とともに雑誌『世界婦人』を発刊した。この国の女性の地位向上を訴える雑誌だった。

英子は必死だった。

ここで失敗しては、これまでのおのれの人生が無意味なものとなってしまう。今度こそ筆の力で、この国の女性を救ってみせる——と。

近代の女軍である英子は、弓や長刀の代わりに、筆を握ったのだ。

『世界婦人』の創刊の辞には、そんな彼女の切実な想いがつづられている。

「『世界婦人』を発行するに至りし理由は何にあるか。一言にして謂《い》えば、婦人の周囲に纏綿《てんめん》するところの法律、習慣、道徳そのほかいっさいの事情より離れて、その天性、使命を研究し、しかしてその天真の性命の存するところに基づいて、ここに諸般の革新運動を鼓吹し開拓したいという希望にあるのです」

だが、英子の『世界婦人』に込めたその想いは、それすなわち、「男尊女卑の近代日本を烈《はげ》しく糾弾するもの」となる。

勢い、その内容は体制批判となり、やはりここでも、英子は「反体制分子」として、政府から目をつけられた。

明治四十二年（一九〇九）八月。

『世界婦人』は、東京地裁から「罰金百円、および廃刊」の命令を受ける。

「どうして分かってもらえないの。私は、この国を良くしたい。この国の女性を救いたい。そう願って働いているだけなのに」

英子は、悔しさに人知れず涙を流した。

やがて時代は、大正に移った。

英子は、もはや「過去の人」となって、世間から忘れられつつあった。

それでも英子は、何かしないでは、いられなかった。この国の女性のため、弱者のため、働きたかった。彼女の「女軍の魂」は決して衰えることなく、次の目的を模索していた。

英子の大正時代の活動で際立っているのは、「足尾銅山鉱毒事件」の犠牲者たちへの援助活動である。

足尾銅山鉱毒事件。

言うまでもなく、我が国の近現代史における、初めての公害問題だ。

明治時代の初期から、栃木県と群馬県の渡良瀬《わたらせ》川周辺において、銅山の開発によって発生した鉱毒ガスや鉱毒水による汚染が広がり、地元住民を苦しめた公害問題である。銅山開発にともなう鉱毒ガスが、周辺に酸性雨を降らせた。そのため、周辺の山々は禿げ山となり、田畑は死滅した。

これに対し、社会活動家の田中正造《たなかしょうぞう》（一八四一〜一九一三）がリーダーとなって、地元住民たちが、国を相手取り、問題の解決と補償を求めて訴え続けた。だが、国の対策はいつも後手後手で、公害は広がる一方だった。

田中が運動の拠点としていたのは、栃木県の谷中《やなか》村だった。だが、谷中村は汚染のため、ついに明治三十七年（一九〇四）に、廃村に追い込まれる。

しかも、国は、村民を村から追い出すにあたって、土地をベラボウに不当な安値で買い叩こうとした。本来の地価の五分の一以下だったという。

谷中村の住民は当然のこと、これに猛反発した。そして、田中を先頭に裁判を起こした。

だが、当時の裁判所は、所詮は「権力の手先」であった。裁判所は「国の買収額は不当」と判決を下したが、それでも、かなりの安値で村を明け渡すように、村民に命じた。

田中たちの訴えは事実上、握り潰されたようなものだった。

大正元年（一九一二）十二月。

この裁判を傍聴した英子は、その判決に強く憤った。そして、谷中村の人々のために活動を始めた。

谷中村の人々が上京した折には面倒を見、また、英子自身が生活苦の中で、必死に衣類を集めて谷中村へ援助物資として送ったりもした。

英子は、田中とも個人的に懇意になり、田中の訪問を受けた。

「田中先生。あきらめてはいけません。谷中村のために私の出来ることは、何でもしますから」

「ありがとうございます、福田さん。あなたのような方がいてくだされば、私も、後顧の憂いなく逝くことが出来ます」

「そんな弱気をおっしゃらないでください。ともに力を合わせて、苦しむ人たちを助けましょう」

だが、人の寿命は、時として残酷である。田中は、大正二年（一九一三年）九月四日、ついに力尽き、この世を去る。享年、七十三。

最期の最期まで、自らの老骨に鞭打《むちう》ってこの公害問題に取り組み続けたうえでの、旅先での壮絶な客死だった。

英子は、田中の遺志を受け継ぎたかった。そののちも、谷中村の人々のために奔走した。しかし、自らも老いつつあった当時の英子にとっては、やはり手に余る問題だった。足尾銅山鉱毒事件の爪痕は、時代が「令和」となっている現在に至るも、残っている。

一方、英子の子供たちは、それぞれが、それぞれの人生を歩んでいた。

英子は三男夫婦（福田友作とのあいだに生まれた二人目の息子）とともに暮らし、元気な孫たちにも恵まれた。

五十代も後半を迎える頃には、英子の身体もすっかり衰えていた。

三男一家の家計は苦しかった。英子は、家計の足しにするため、自らの反物を知人に買ってもらうよう頼んで回った。

ついには、断腸の思いで、かつて田中正造からもらった手紙まで、売り払った。田中には多くの支持者がいたから、彼の真筆は高値で売れたのである。

「田中先生。申し訳ございません」

英子は、天の田中に向かって手を合わせた。


昭和二年（一九二七）四月。

英子は孫を連れて、久しぶりに買い物に出かけた。ところが、その外出が祟《たた》ってか風邪を引き、そのまま寝込んでしまった。

病状は悪化の一方だった。そして、ついにそのまま帰らぬ人となった。同年五月二日のことである。

こうして、近代の女軍である福田英子の波瀾万丈《はらんばんじょう》にして報われることの少なかった生涯は、終わりを告げた。享年、六十三。

英子は晩年、よく周囲にこんな言葉をもらしていたという。

「男はダメだよ。地位や勲章にすぐ目が眩《くら》むからね。その点、女は勲章をぶら下げて喜んだりしないから、頼もしいものさ」

それは、英子がおのれ自身を語った言葉であり、「近代の女軍」の心意気を示した言葉であったろう。

■下田歌子《うたこ》――体制の側から「近代の女軍」を育てた女（一八五四〜一九三六）

明治から大正にかけて、きわめて希有な「女軍の魂」を持つ女性がいた。

日本一のキャリアウーマン。

日本一稼いでいた女。

皇室にもっとも信頼されていた女。

そんな「これ以上ない」と言うほどの最上流階級にありながら、その地位にただ甘んじず、その権力と財力をフルに使って日本女性の地位向上という大改革に挑み、戦い抜いた女性である。

その名を、下田歌子という。

彼女は、男尊女卑の荒波にもまれる近代日本の中枢で独り、並み居る権力者の男たちと渡り合った。出世したのちも、弱い立場の者、世間一般の女性たちの味方であり続けた。

その志は、まさしく「一国一城の主」として活躍した、かつての女軍たちに通じるものであった。


下田歌子が生まれたのは、安政元年《あんせい》（一八五四）。幕末動乱の黎明期《れいめい》である。

なお、彼女の出生時の名前は、平尾《ひらお》鉐《せき》という。改名については、ちょっとしたドラマがあるのだが、それは後述しよう。

鉐（歌子）の生家・平尾家は、岩村藩に仕える上級の武家だった。また、学者の家系で、祖父も父も一流の学者であった。

岩村藩の藩主は、徳川宗家から分派した松平家の一つで、徳川幕府に対する忠誠心が、ことのほか厚かった。当然、幕末動乱の時代にあっても「佐幕派」で、薩摩・長州勢とは対立関係にあった。

ところが、鉐の祖父と父は、藩の佐幕方針に真っ向から反対していた。なんとなれば、二人とも一線級の純粋な儒学者であり国学者であったからだ。

儒学では、人間社会の上下関係を絶対視する。日本社会の伝統的なシステムにあっては、最上位はもちろん天皇家である。したがって、天皇の意思が最優先されるべきである。となれば、時の天皇（孝明《こうめい》天皇・第一二一代）の意に反した外交政策を執る当時の徳川幕府には、いかに松平家とは言えど、服するのは間違いだ——といった理屈になるのである。また、国学は、日本史を徹底的に天皇中心で捉える。したがってここでもまた、徳川家の意思より天皇家の意思が優先される。

というわけで、早い話、平尾家は、岩村藩内にあっては「造反者」であった。となると、藩の重鎮たちに煙たがられるのは無理からぬ話で、祖父は藩を追われ、父は「蟄居《ちっきょ》謹慎」を藩に命ぜられた。これは、自宅から一歩も外に出ることが許されないという軟禁の刑である。平尾家は藩からのお役料を貰えることもなく、鉐の少女時代は、極貧生活であった。

そんな貧しい暮らしの中にあって、鉐の教育係はおもに祖母だった。母は、家計を支えるため女手で懸命に働いていたからだ。

祖母は鉐に、裁縫や炊事といった家事全般から、読み書き、算盤《そろばん》、そして何より、武家の娘としての行儀作法を厳しく躾《しつ》けた。言ってみれば「女軍の英才教育」である。

鉐は、驚くほど教えられることを次々と吸収していった。それどころか、読み書きができるようになると、平尾家に代々伝わっていた膨大な蔵書を、片っ端から読み始めた。『源氏物語』のような日本の古典文学から『史記』のような中国の歴史書まで、それこそ、ありとあらゆるものを読んだ。わずか五、六歳の頃である。

「鉐は、本当に賢い子だねぇ」

祖母と両親にとって鉐の成長は、何よりの喜びであり、藩ににらまれ未来の見えない平尾家にとっての、わずかな希望だった。

現実に、当時の鉐は「神童」と呼んでも過言ではないほどの子供だった。祖母は、学者の娘のたしなみとして、鉐に和歌や漢詩、くわえて江戸文学として当時定着していた俳句も、教えた。

元旦は　どちら向いても　お芽出たい
赤いべべ着て　昼も乳のむ

これは、鈃が初めて詠んだ歌である。五歳になった元旦に詠んだというから、満で数えれば、まだ四歳の時である。

やがて世は、明治となる。

かつて佐幕派だった岩村藩も、明治天皇をいただく新政府に恭順の意を示した。平尾家にとっては、頑ななまでに押し通し続けた「尊皇の志」が、ついに「天に通じた」といったところである。

鈃の父はようやく蟄居を解かれ、東京の岩村藩上屋敷へ、招聘《しょうへい》された。「廃藩置県」（一八七一）の前年の明治三年。鈃、十七歳の年である。

「私も、この皇尊《すめらみこと》の新しい世で、何かのお役に立ちたい。父上のあとを追いたい」

東京へ向かった父の背を見送りながら、鈃の心には、そんな強烈な願望が燃え上がってきた。彼女の心は、幕末の時代には存在しなかった「尊皇の志士としての女軍」となっていたのだ。

鈃は、居ても立ってもいられず、母と祖母を説得して、独り上京する。そして岩村藩上屋敷の敷地内にある藩士の宿舎で、父と再会した。

「父上。私も、陛下の新しい世の御ために働きとうございます。ぜひとも奉公先を斡旋《あっせん》いただきとう、伏してお願い申します」

鈷の必死の願いを聞き、父は苦悶で顔をゆがませた。

鈷の類いまれな才能と覚悟は、よく承知している。しかし、それだけに、世に出ればきっと苦労する。「出る杭は打たれる」のたとえもある。

「いずれ機を見て、ゆっくり考えよう。まずは東京で、ともに地道に暮らしていこう」

父の煮え切らない態度に、鈷は内心苛立った。けれど「親孝行」を絶対の旨とする儒教道徳を、徹底的にたたき込まれてきた鈷である。それ以上は、逆らわなかった。

鈷は東京でも、宿舎での家事を地道に勤めながら、ひたすら読書に励むだけの日々に耐えなければならなかった。


そんな鈷の運命を、鈷の与《あずか》り知らぬところで、大きく動かす人物が現れる。

西郷隆盛。

言わずもがなの明治維新の大英傑。当時、明治新政府の要となっていた男である。

日本に近代をもたらした西郷の精神は、じつは、まるで戦国時代の武士のそれに通じるようなものだった。

そして彼は、京都御所から江戸城へ居を移した皇室にまで、これまでの「雅《みやび》一辺倒」だった性質を改めさせ、あたかも上流の武家のような厳格さと質実剛健さを、求めた。

「そんためには、宮中の人事を刷新せねば、なりもはん。陛下にお仕えする女官たちも、京都の公家出身の女ばかりでは、いかん。それなりの家格ある武家の女を雇うがよろしかろうと、わしは思う」

西郷の価値観が生み出した、宮中の大幅な人事変動である。それ、すなわち言い換えるならば「尊皇の女軍を、宮中へ上げる」という発想である。

儒学と国学を修め、武家風の礼儀作法をマスターしており、しかも和歌にも堪能な鉐である。まさしく、西郷が求める〝女軍女官〟にはピッタリの人材だった。

かくして、知己の歌学者からの推薦によって、鉐に宮中への出仕が決まった。明治五年(一八七二)。上京して一年半。鉐、十八歳である。

もっとも、鉐に与えられた地位は、女官の最下位である「十五等」であった。鉐の出自の平尾家は、所詮は岩村家の家臣に過ぎないから、これは妥当なところだろう。

とは言え、女官は女官。宮中の下働きをする下女や侍女と違い、天皇に直接仕える立場だ。「尊皇の女軍」である鉐が、この就職を大喜びしたのは言うまでもない。そして出仕するや、大張りきりで、仕事に励んだ。

もちろん十五等では、天皇の寝所に入ったり皇后の入浴の世話をするといった、ごく側で仕えられる立場ではない。が、それでも、天皇や皇后の御膳の支度やら、御服・御道具の準備やらの雑用仕事を通して、鉐の心は「直接、両陛下に仕えている誇り」でいっぱいだった。

「私のご用意した御膳を両陛下が召し上がる。なんと光栄なことだろう」

鉐は、胸躍らせた。

しかし、やはり鉐の父のかつての危惧は、ここで当たった。

他の女官たちと言えば、公家の慣習しか知らぬ古参の者。かと思えば、暮らしの雑用などしたこともない、といった大名家出身の姫君。さらには、幕末動乱時に尊皇の志士として奔走し、武勲を立てた下級武士の娘……。

要するに、武士的道徳に暗かったり、家事雑用ができなかったり、行儀作法の習得や学問・教養が不足していたり……と、西郷が求めた〝女軍女官〟として、どこかしら不足のある人材ばかりなのである。

そんな中にあって、〝女軍女官〟として必要な素養を全て備え、どんな雑用仕事でもテキパキこなす鉐は、明らかに「出来すぎ」であり、他の女官たちの烈しい嫉妬の的となったのだ。

鉐は、仕事の予定をわざと聞かされず慌てる羽目に陥らされたり、他の女官たちに職場で無視されたりと、陰湿なイジメを受け続けた。まさしく「出る杭が打たれた」のである。

だが、骨の髄から「尊皇の女軍」である鉐が、こんな仕打ちにヘコタレるわけはない。

「陰で誰が何と言おうと、私は、この誇りある出仕に尽くすまで」

女軍としての「戦う心」が、むしろ鉐の心に、闘志を燃やさせた。

やがて、そんな鉐に、大チャンスが訪れる。

宮中では、伝統として、しばしば和歌の会が催されてきた。明治天皇も皇后（昭憲皇太后）も、ことに和歌好きで、この会は明治の宮中でも頻繁に開かれていた。

和歌の会の席上では、女官の上下関係は影響しない。歌の優れた者が、そのまま高く評価される。

ある時、会の末席に押し黙って納まっていた鉐に向かって、皇后がほんの戯れに、

「何か詠んでみよ」

と声をかけた。

鈺としては、まったく予想外だった。よもや自分のような若輩が歌を披露することになろうとは。

ところが、筆と短冊を持ったとたん、まるで呼吸をするかのように何の苦もなくスラスラと手が動いた。そして一気に書き上げると、朗々と声に出して歌い上げた。

敷島《しきしま》の　道をそれとも　わかぬ身に
　かしこく渡る　雲の架け橋

席にいた者の顔が皆、驚きに色を失った。その見事な出来に感心したのである。

「敷島の道」とは、和歌・歌道のことである。

「わかぬ」は「分からない・区別できない」といった意味。

「雲の架け橋」は、宮中を「雲の上」にたとえたうえでの、宮中の渡り廊下といったニュアンス。室町時代の勅撰和歌集『風雅和歌集』などにも、ちょくちょく出てくる表現だ。

さらに言うなら、「雲の架け橋」には「雲が空を美しく漂う様子」あるいは「険しい山を渡る橋」といったビジュアル的な意味もあり、日本画の伝統的な画題としても、よく描かれてきた。

つまり、歌の意味は、

「こんな私ごとき、和歌のことはよく分かりませんけれど、美しいこの宮中では、そんな私さえをも、優しく導いてくださいます」

といったところである。

格別に独創的な作とは言えない。けれど、控えめな表現でありながら、和歌や美術の歴史への造詣がなければ、これほど完成度の高い歌は、とっさには詠めない。

前述のとおり、当時宮中に出仕していた新人女官は武家の出が大半で、和歌の嗜《たしな》みなど、ほとんどない。鉐の歌は、そんな者たちにはとても真似できる芸当ではなかった。

鉐は図らずも、これまで祖母の教育と独学で学び、磨いてきた教養と才覚を、皇后の前で披露したのである。

その後も、歌会があると必ず鉐は、歌を詠むよう皇后に命じられた。そして、その都度、与えられた歌題に合わせた見事な歌を詠んだ。

そしてついに、

「そこな者。もそっと近う」

と、皇后が鈺を呼び寄せた。さらには、

「そちは、ほんに良き歌詠みじゃ。これからは『歌子』と名乗るがよい」

と、名前を賜ったのだ。

鈺は、感動のあまり一瞬、声を詰まらせた。が、すぐに深々と頭を下げて、

「ありがたく頂戴いたしまする」

と喜びに震え、少し上ずった声で返事をした。皇后は嬉しそうに軽くうなずいた。

この時より鈺は「歌子」という名になった。

この名は、皇后からいただいた名だったのである。


皇后は、それ以降も鈺をすっかり気に入り、学事（学問）の折には必ず鈺を陪席させるほどになった。

こうなるともう、ほかの女官はこれまでのように、鈺を軽々しく扱えない。

まさしく「出る杭は打たれる」とは言うものの、鈺は「打ちたくとも打てないほど高く

そびえた杭」になれたのである。

さて、ここからは、鉐を歌子と呼称しよう。

歌子の宮中出仕の日々は、とても充実したものになっていた。明治天皇にも気に入られ、前にも増して、張り切って仕事に励んだ。

しかし、そんな「歌子、絶好調」の時期、明治十二年（一八七九）、歌子は女官の職を辞したのである。

天皇も皇后も、女官の上司も同僚も、歌子が宮中から去ることを心から惜しんだ。そして歌子自身も、辞めたくなかった。

だったら、なぜ？

「結婚しろ」

祖父に命じられたからである。

祖父が歌子の伴侶として用意したのは、下田猛雄《たけお》という元丸亀《まるがめ》藩士の剣客である。祖父は、この下田と幕末の頃から付き合いがあり、前々から「孫の鉐（歌子）を嫁にやる」と約束していたのだ。下田のほうも歌子にゾッコンで、「約束なのだから、早く結婚させてほしい」と平尾家に再三泣きついてきていたのである。

歌子は、断れなかった。

何か具体的な理由があったわけではない。ただ、歌子は「親孝行、絶対」の儒教道徳を骨の髄まで叩き込まれている。親や祖父の言いつけを破るなど、とうてい考えられなかったのだ。

こうして歌子は、自らは望まない結婚生活に入った。そして彼女は、下田歌子となった。

下田は、決して悪い男ではなかった。だが、所詮は「剣客」である。近代日本にあっては、もはや時代後れの存在だった。かつては道場主としてそれなりに羽振りもよかったが、この頃には、すっかり落ちぶれていた。

下田当人も、自分のそんな立場を分かっていたのだろう。半ば自暴自棄になり、明治の世になってからは酒の量が、やたら増えていた。そのため胃を壊して、歌子と結婚した時にはすでに半病人状態だった。

早い話、歌子の新婚生活は、そのまま介護生活となってしまったのである。

それでも歌子は、下田によく尽くした。かつての「姫君だった女軍」たちが夫を愛し、家族を愛し、家臣たちを愛したように、下田を愛したのである。単に儒教道徳に縛られていたというわけではなく、歌子には「女軍ならではの優しさ」というものが、備わっていたのだ。

そんな下田の介護をする日々の中で、意外な話が歌子のところに飛び込んできた。

この頃、数人の政府の高官たちが、「自分の娘にも、近代日本にふさわしい高等教育を施したい」と考え、良い女子教育の教師を探していた。そして、歌子に眼を付けた。

「下田歌子は、どうだ。両陛下の覚えもめでたい才女で、しかも今は、退官しているというではないか」

こうして歌子に、上流階級の女子教育の仕事が舞い込んできたというわけだ。

「どういたしましょう。旦那様」

歌子は、下田に相談した。無論、下田が反対すれば、この話は断る気だった。

だが、

「受けるが、よかろう。おまえは、俺なんぞの世話で朽ち果てるには惜しい女だ。きっと、おまえの良き道となる」

下田は、賛成した。

下田は、心身ともに自分がもはや世に復帰できる力のないことを、承知していた。せめて愛した女を、解き放ってやりたかったのだ。

こうして明治十五年（一八八二）、歌子は政府高官たちからの援助を得て、女子教育の私塾「桃夭《とうよう》学校」を創設し、彼らの子女たちを預かって教育を施す仕事を始めた。

下田猛雄が亡くなったのは、その二年後、明治十七年（一八八四）である。

下田が亡くなり独り身となったのちも、歌子は「下田」姓を捨てなかった。

それが、亡き夫への礼儀であり供養であり、そして、不遇な晩年だった夫へのせめてもの愛の証であると信じたからである。

翌・明治十八年（一八八五）。

「近代的であり、かつ日本の伝統に則《のっと》った女子教育の場を作りなさい」

との皇后の令旨《りょうじ》のもと「華族女学校」が開設された。上流階級の子女を教育する公的教育機関である。

皇后が、この学校の開設に先だって歌子を「当てにしていた」のは、言うまでもない。

歌子は、開校早々に教授に任ぜられた。

桃夭学校の生徒も、大半がそのまま華族女学校に移った。早い話、桃夭学校が、まるまる華族女学校に〝引っ越した〟ようなものである。

「こんな名誉なお話は、ないわ。皇后陛下のご期待に沿わなければ。日本古来の伝統的な作法と教養と道徳を身に付け、そして、しっかりした自主性と新しい教養をも身に付けた『新時代の大和撫子《やまとなでしこ》』を、私はきっと育ててみせる」

歌子が目指したのは、近代日本の「男尊女卑的な教育」ではなく、さりとて「男を敵視する教育」でもない。それは「男と手を携えて国を守る日本女性を育てる教育」であり、まさしく「自らの志を以《もっ》て国に尽くす女軍を育てる教育」である。

さらに、華族女学校開設の翌年には、歌子は「学監」にまで任ぜられる。建前上、校長は政府高官出身の男が就く形になっていたから、事実上は、歌子が学校の「現場の総責任者」を任された――というわけである。

こうして歌子は、天皇家、延《ひ》いては明治国家そのものを後ろ楯とした「女子教育者のトップ」として、活躍することとなった。

それは取りも直さず、彼女が、まさしくダントツで日本最高のキャリア・ウーマンとなり、莫大な財力と権力を有する女性となった――ということにも、つながる。

となれば、当然のように世間からは嫉妬され、悪意ある誤解を受けるのも、運命だった。歌子は、反体制的な左翼ジャーナリストたちから「妖婦」とまで酷評された。

しかし歌子は、そんな世間の声には耳を貸さなかった。貸す暇などないくらいに、忙しかったからである。そして、なにより「尊皇の女軍」である彼女の信念は、そんな誹謗中傷をモノともしなかったからである。

歌子はおもに、『源氏物語』の講義や和歌の指導といった古典文学の授業を引き受けていた。その内容は高雅で、しかも解り易く、生徒は皆、ウットリと歌子の朗読に聞きほれながらも、メキメキと学力を伸ばしていった。

政府高官たちの中でも、とくに「歌子ファン」だった者たちは、そんな歌子の活躍を、自らの手柄のように喜んだ。ちなみに〝歌子支持派〟の筆頭は、伊藤博文（一八四一～一九〇九）である。

明治二十六年（一八九二）。

歌子は明治天皇から直々に、欧米の教育状況の視察を、拝命する。

「二人の皇女を、他国の王室や強国の政府高官などが集う『国際社会の上流階級の社交場』で立派に通用するレディへと、育てたい。

そのために必要な教育を学んでくるように」

といった趣旨である。

こうして歌子は、華族女学校を休職して国を発った。

この視察は、とにかく忙しかった。なにしろ、イギリス、フランス、ドイツ、イタリア、オーストリア、ベルギー、スウェーデン、そしてアメリカと、八カ国も回ったのである。

歌子は、この視察の中で大きな発見を得た。

「本当に日本を一等国にするためには、女子教育が上流階級にとどまっているだけではダメだわ。もっと幅広く、一般の庶民層にまで、女子に高い教育を施さなければ。

家格や貧富の格差に関係なく、日本中の女子に学ぶ機会を与えなければ」

欧米の生き生きと働く女性たちの姿を見て、歌子はそう思い立ったのである。言ってみれば、日本中の子女の「誇りある女軍」化である。

「華族女学校は、所詮は上流階級のお嬢様たちしか教えてこなかった。帰国したら、次には、日本中すべての階層の子女に教育を施す学校を、私は作りたい」

歌子は、皇后の令旨を超えて、自分なりの大きな目標を、この視察で見出したのである。

さらには、そうした意識の中で歌子がとくに深く考えたのは「女子の体育」であった。近代日本では、女性は家の中だけで、しとやかに、男に従順に生きることが「男の勝手な理想」と、されている。あたかも、女は「弱いことが正しい」と、されている。しかし欧米の女性たちの潑溂《はつらつ》とした振る舞いに、歌子は「女性の体力」の必要性を、あらためて強く実感したのである。

この発想もまた「日本の子女全ての女軍化」という歌子の目標に、ふさわしい。

「かつては、女も戦の矢面に立つことが、あったわ。これからの時代も、女が世の中の表舞台で大いに活動することは、できるはず。そのために身体を鍛えることは、必須のはずよ」

実際、歌子は歴史についても幅広い教養を持ち、歴史上の「女軍」の存在も、よく知っている。

明治二十九年（一八九六）、帰国。

すぐさま二人の皇女の教育係を拝命した。すると、歌子は、皇女たちを「特別扱い」せずに「華族女学校の生徒と変わらぬ教育を施したい」と、天皇と皇后を説得した。

歌子が得た女子教育の「平等性」が、早速に形になったのである。

それからも、歌子は、突っ走った。

明治三十一年（一八九八）、幅広い階層の女性が集う会「帝国婦人協会」設立。

明治三十二年（一八九九）、庶民層の子女を受け入れる学校として「実践女学校」「女子工芸学校」を設立。教壇に立つばかりでなく、両校の経営まで担った。そのほか、歌子が携わった学校は、全部で八校にものぼる。

いずれもが、高い学費を払えない庶民層の子女に高等教育を受けさせるためのものである。歌子は経営の穴埋めのため、自らの財産を、これらの学校経営に惜し気なく注《つ》ぎ込んだ。

さらには、日清戦争終結後、国交が正常化されるや、清国からの留学生を大量に引き受けた。北東アジアの同胞として、清国の女性たちにも欧米女性に負けない力を付けてもらいたかったからである。

こうなるともう、華族女学校の学監として、いかな「女性として日本一高いサラリー」を貰っている身だとて、追い付くものではない。歌子は女性で日本一の高給取りでありながら、これまた日本一の借金を抱える女となった。

それでも歌子は、まさしく損得抜きで自らの教育事業に没頭した。「新時代の女軍」たちを、一人でも多く育てるために。

天皇、皇后の歌子への信頼は、絶大なものだった。二人の皇女も歌子を尊敬し、生涯の師と仰いだ。

こうして借金に追われる日々でありながら、歌子の社会的・政治的立場は、確固たるものとなっていた。

「下田歌子は大きくなりすぎた」

こうなると、あたかも必然かのように、政府の中で歌子の立場をおもしろく感じない勢力が、動き出す。やはり「出る杭は打たれる」のである。彼らは、伊藤博文を筆頭とする「歌子支持派」と対立する派閥である。

明治三十九年(一九〇六)。

華族女学校は「学習院」に吸収合併され、「学習院女学部」となる。そして、新たに院長として赴任してきたのが、あの陸軍大将・乃木希典《のぎまれすけ》(一八四九~一九一二)だった。

乃木は、日露戦争において旅順攻略を果たして日本を勝利に導いた名将として、世間の人気はもちろん、政府内でも高い評価を受けていた。この学習院院長の就任は、そうした乃木の武勲に対する報奨的な意味合いも、あった。

だが、乃木は〝明治の男〟らしい頑なな人柄であった。あえてハッキリ言ってしまえば、男尊女卑の感覚に凝り固まった頑迷な人物だった。くわえて乃木は、我が国の歴史に脈々と流れている「女軍の存在意義」というものに全く理解のない無教養な男だった。

つまり、乃木にとって「理想の大和撫子」はどこまでも、近代的な男尊女卑の価値観に基づく「男に従順な女」なのである。そんな乃木に、歌子の教育理念が理解できるはずもない。

となれば、歌子との衝突は必至だった。

「下田先生。大和撫子たるもの、しとやかでなければなりません。やたら『活発たれ』と教えるのは、いかがなものか」

乃木は、ことに歌子の体育教育が気に喰わないのである。女の分際で身体を鍛えるなど、おこがましい——といった不満がある。

しかし「頑固さ」という点では、歌子も負けてはいない。

「お言葉ですが、院長先生。これからの日本は、男女ともに壮健で聡明でなければなりません。我が国が真に一等国となるためには、女にも体力が必要なのです。現に我が国だって、かつての戦国の世にあっては、女も戦場を駆けていたのですよ！」

「いやいや。戦は、男の仕事ですぞ！」

こうなると、あとは互いに、にらみ合いである。平行線である。

歌子は徐々に、学習院に居づらくなってきた。この状況をすかさず「反・歌子派」が、利用した。

「下田先生。このまま乃木殿とご一緒では、やりにくいでしょう。それに、お二人の確執が表立てば、下田先生の名誉ばかりでない、陛下からお預かりしている学習院そのものの体面にも、関わりかねません。

下田先生は、他校のお仕事でもお忙しい御身ですし、ここいらで学習院を勇退されては、いかがですかな」

彼らは、やんわりと、しかし確実に、歌子の追い落としにかかってきたのである。

もはや、止《や》むなし。

歌子は、学習院の退職を決意する。事実上、学習院を追い出されたのである。明治四十年（一九〇七）のことであった。

しかし歌子は、失望しなかった。

「これからは、本当に自分の思うがまま、この国の女性たちとともに歩もう」

現実問題、学習院からの給金が絶たれたのは、痛かった。しかし歌子は、著述や講演会などで収入を得、そのカネによって自らが設立したり関係を持ったりした女学校の経営を、踏ん張り続けた。

そして、ついには明治四十一年(一九〇八)、これまで主催していた二校をまとめて「財団法人私立帝国婦人協会実践女学校」を設立。歌子自らが理事長の座に就いた。さらには女子教育の年齢層の幅を広げ、日本近代初の私立幼稚園も開設した。

こののち、実践女学校は着実な発展を見せる。そして、言うまでもなく、こんにちの「実践女子学園」へと、その歴史は続いている。

だが、やはり無理が祟ったのだろう。肺を患い、歌子の晩年は病に苦められた。

それでも車椅子で教室に赴き、授業を続けた。さらに、それさえ苦痛でできなくなると、生徒たちを校長室に集め、講義をした。

最後の最後まで、「近代の女軍」たちを育てるべく、女子教育の現場にいようとした。

昭和十一年(一九三六)、肺水症のため没。享年、八十二。

まよひなき　正しき道は
見ず聞かず　言わずむなしき　空にみちたり

歌子が最後に残した和歌である。

まさしく教壇を我が戦場とする「近代の女軍」として、見事にその生涯を全うした女性であった。

銃後の守り

「日清戦争」を皮切りに、「日露戦争」、「第一次世界大戦」参戦、そして「大東亜戦争」――と、近代の我が国は、いくたびも戦争を体験した。

だが戦場は、そのほとんどが海外であり、結果として、戦地に赴く兵士（男性）と、国内に残る者（女性）というように、戦争における「男女の役割」は、一層はっきりと区別されるようになった。

大半の女性は「銃後の守り」という立場を与えられ、戦地へ向かう夫や息子を、ただ見送り、帰りを待つだけの存在となった。それが、やはり現実であった。

日本軍が、大東亜戦争という無謀で、はるかに身の丈に合わない大戦争を始めた時代。それでも、ただ「男を待つだけの存在」であることを潔しとせず、「銃後の守り」の役割を全うしようと、多くの日本女性が積極的に動き出した。

昭和五年（一九三〇）の頃には、女性による銃後団体として「大日本連合婦人会」「大日本国防婦人会」といった大きな団体が、組織されている。

戦地へ送る慰問袋作りや、出征者の壮行会などが、彼女たちの手によって行われた。こうした銃後団体に参加した女性は、一〇〇〇万人を軽く超えている。

さらには、女性が戦地に直接、赴くことのできる唯一の手段は、従軍看護婦になることだった。

従軍看護婦は、当時の我が国の若い女性にとって、憧れの職業だった。

日本赤十字社は、女性たちの願いを受けて、多くの従軍看護婦を育て、戦地に送った。もちろん、彼女らの中には、異邦の地で戦死していった者も少なくない。

こうした一連の動きは、確かに、軍部による「情報操作」と「国民に対するマインド・コントロール」の結果だと、こんにちから見れば評せられる。決して、健全な人類愛精神の産物ではない。

しかしながら、当時の我が国の女性たちが積極的に戦争に協力したその根底には、やはり「女軍の魂」があり、それが彼女たちを突き動かした原動力だったのだろう。

それは、かつて『おあむ物語』の中でも語られていた、戦のバックアップに奔走した女軍たちの姿に重なるものである。

そんな「大東亜戦争時」という我が国の暗愚な時代の中でなお、純粋な「女軍の魂」を持ち続け、走り続けた一人の女性を、ここで紹介しよう。

■吉岡弥生《やよい》――近代医学界に女性を送り込んだ女（一八七一～一九五九）

「どうして私は医者を目指してはいけないのですか！」

「どうしても、だ。第一、おまえは女ではないか」

「女が医者になってはいかん――など、とても父上のお言葉とは思えません！」

座敷で父親と対座した弥生は、こう食ってかかった。が、父親はただ無言のまま弥生をにらむだけだった。ただ、その父の顔に、ほんのわずかに苦渋のゆがみがうかがえるのを、弥生は目敏く察した。

「もう結構です」

弥生は、スックと立ち上がると奥の間へ引っ込んだ。

鷲山《わしやま》弥生。のちの吉岡弥生。この時、十七歳。

吉岡弥生は、明治四年（一八七一）の生まれである。「東京女子医科大学」を創立し、近代日本に数多くの女医を送り出した女性医師にして教育者だ。

静岡県掛川の近郊にある土方《ひじかた》村で、生まれ育った。弥生の少女時代、この村は、まだまだ文明開化の波が届かない江戸時代の旧態依然とした、しかし穏やかな村だった。

弥生の生家の鷲山家は、弥生の父が婿養子として迎えられると、商家を廃業し、医業の家となった。弥生の父・養斎《ようさい》は漢方医だったのである。

弥生は長女であるが、上に二人の兄がいる。兄は二人とも、父の跡を継ぐ形で、医者の道を歩んでいた。

養斎は、明治維新後の間もない頃に、江戸から名を変えたばかりの東京へ、一年間ほど遊学している。そこで最新の西洋医学を学び、帰郷してからは、その学習と経験を活かして村の人々の医療に携わった。

「『医は仁術』と言ってな。医学に携わる者は、カネ儲けを考えてはいかん。病や怪我に苦しむ人たちを救う。それが一番なのだ」

養斎は、よくそんなことを口にした。

弥生は、そうした父を心から尊敬していた。そして、兄たち同様に、父の跡を継いで医者になろうと決意したのである。

医学で人の役に立ちたい。

こうした弥生の願いは、ある種の「女軍の魂」の形とも言える。

実際、江戸時代の後期に最新の西洋医学を輸入して人々を救おうとした者たちは、その多くが、藩に仕える士分の者たちだった。日本初の西洋医学の翻訳書『解体新書』の中心訳者であった前野良沢《まえのりょうたく》（一七二三〜一八〇三）は、当時は中津藩《なかつ》（現・大分県）の藩士であり、のちに幕臣となっている。さらには、日本赤十字社の前身である「博愛社」を西南戦争の時期に創設したのは、元佐賀藩士の佐野常民《さのつねたみ》（一八二二〜一九〇二）らである。

彼らの心には「武士は民を救う立場である」という使命感が、その根底にあった。弥生の願いもまた、こうした「武士の医師」の伝統的観念に通じるものだったのだ。

しかし父は、そんな娘の決意を認めてくれなかった。父娘のこの「冷戦状態」は、一年ほど続いた。

養斎が、弥生の医者志望を反対したのは、やはり「女は家庭に入ったほうが幸せになれる」といった凡庸な親心からであろう。もっとも正直、経済的な理由もあった。当時、鷲山家は二人の息子を医者にするため東京へ遊学させており、その学費が、大きな負担だったのだ。

だが弥生は、そんな父の想いを察しながらも、どうしても医学の道へ進みたかった。彼女の「女軍の魂」が、その希望を消そうとしなかった。ひたすらチャンスが来ることを信じて、独学を続けた。

そしてチャンスは、ようやくやってきた。

「父上。弥生の気持ちを汲んでやっていただけませんか」

明治二十二年（一八八九）の四月。次兄が里帰りの折、助け船を出してくれたのである。じつは、日頃から弥生の努力を目の当たりにして、考えがぐらつきかけていた養斎である。次兄の言葉を受けて、ついに、弥生の上京を許した。

「ありがとうございます。必ずや立派な医者になってまいります」

上京した弥生が籍を置いたのは、本郷湯島にある「済生学舎《さいせい》」という私塾である。済生学舎は、明治九年（一八七六）に創設された、近代日本最初の「医術開業試験（こんにちの医師国家試験）」受験のための予備校だ。あの野口英世（一八七六〜一九二八）も済生学舎の卒業生で、弥生の後輩に当たる。

つまりは、医術開業試験（前期と後期の二段階がある）に合格して医師免許を取れれば、めでたく卒業となる仕組みである（ちなみに、済生学舎はこんにちの「日本医科大学」の前身）。

当時の済生学舎には、弥生を含めて数人の女学生がいた。当然、学生の大半は男子で、時代が時代だから、

「女風情《ふぜい》が生意気に、我らと机を並べおって」

といった雰囲気だった。学内で女学生たちは、何かというと冷やかされたりイジメを受けたりと、理不尽に弱い立場に追いやられていた。

しかし、そんなことにひるむ弥生ではない。

「私たちで団結して、謂《いわ》れのない差別には断固として立ち向かいましょう」

と、ほかの女学生たちへ働きかけ「女医学生懇談会」なるグループを結成した。そして、

男子学生相手に議論を吹っかけたり、学校の講堂で演説会を開くなど、堂々と男子学生と渡り合った。このあたりにもまた、弥生の「女軍の魂」が垣間見られる。

もちろん、その猛勉強ぶりも、たいていの男子学生たちのはるか上を行っていた。朝は、六時の早朝授業に始まり、夜は、独り教室に残って、ひたすら学ぶことに没頭した。

「鷲山には、かなわん」

男子学生たちも、徐々に弥生を認めるようになった。

そして、入学翌年の明治二十三年（一八九〇）の五月には、なんと医術開業試験の前期試験に合格。周囲が驚く、おそろしいスピード合格であった。

さらに、明治二十五年（一八九二）の十月には、前期試験よりはるかに難しい後期試験にも合格。わずか三年で、正規の医師の資格を得た。

こうして、わずか二十一歳にして、弥生は正式の医者となった。

帰郷した弥生は、養斎に頼られて、鷲山家が経営する三つの病院のうちの一つを、任された。弥生の知識と技量、何より医者としての才能はズバ抜けていた。病気によっては養斎以上に見事な治療をほどこして見せた。

だが、新米医者として働き続けるにつれ、弥生は、逆に「もっと医学を学びたい」という気持ちが募っていった。

「父上。もう一度私を東京で修業させてください。きっと、もっと立派なお医者になって帰ってきますから」

弥生は何度も頭を下げた。養斎も、娘の熱心な、と言うよりシッコイほどの必死な頼みに、とうとう折れた。東京で学んでいる長兄を呼び戻して、弥生のあとを任せ、弥生には東京行きを許した。

こうして明治二十八年（一八九五）、弥生は再び上京した。二十四歳の初夏であった。


近代日本が西洋医学として学んだものは、具体的にはドイツ医学である。弥生もまた、「できるならばドイツに留学して、世界トップクラスの医学を学びたい」と考えていた。そこで、弥生はドイツ語を学ぶため、私塾の「東京至誠《しせい》学院」に通った。

東京至誠学院は、生徒が三十人ほどの小さな私塾だった。その学院長で経営者だったのが、吉岡荒太《あらた》（一八六八〜一九二二）という教育者である。

荒太は、弥生に大きな好意を抱くようになった。もともと荒太と弥生は三歳しか違わない。二人のあいだは、師弟関係というより「同志」みたいなものだったのである。

そして同年の十月、荒太のほうから弥生に結婚を申し込んできた。弥生が東京至誠学院に通い始めて、わずかに四カ月後のことだ。

弥生は、アッサリこの申し出を承諾した。質素だが仲睦まじい若い夫婦の誕生であった。荒太二十七歳、弥生二十四歳の秋のことだ。

この時から、弥生は「吉岡」姓となった。

弥生の「女軍の魂」は、結婚後にむしろ一層燃え上がった。かつての戦国の女軍たちが家のために戦ったように、弥生は、吉岡家と東京至誠学院のために、ガムシャラに働いた。

「いつも苦労をかけて済まないな。弥生」

「そんなこと、ございませんよ。学校経営というものも、これはこれで楽しいし、やりがいのある仕事じゃございませんか」

弥生は、済まなそうにする荒太に向かって、笑って答えた。

明治三十年（一八九七）。東京至誠学院は、校舎を大きく移築するとともに、新たに「東京至誠医院」を開業した。もちろん弥生は医師として働いた。

荒太もまた、弥生以上にずっと働き詰めだった。そして明治三十二年（一八九九）の十一月、とうとう病に倒れた。

重度の糖尿病だった。発覚した時には、すでに手遅れだった。

「今のままの生活を続けていたら、遠からず命がありません」

診察した医師にそう宣告された荒太は、ガックリと肩を落とした。弥生も驚いた。

しかし、「後悔する」あるいは「クヨクヨ悩む」ということは、「女軍の魂」の持ち主である弥生には、なかった。

「旦那様。命あっての物種ですよ。学院のことは、この際キッパリと、あきらめましょう。養生に専念する暮らしをいたしましょう」

結局、荒太の病が発覚して早々に、東京至誠学院は閉鎖される。荒太は療養生活に入り、以後は、弥生に支えられて静かな余生を送ることとなる。


至誠学院を閉鎖してのち、荒太と弥生の夫婦は、弥生の開業医としての収入を支えに、慎ましやかながらも静かな暮らしを送る……はずだった。

しかし、世の動きが、弥生にそれを許さなかった。

いや、逆である。弥生の「女軍の魂」が、世の動きを許せず、またも彼女を敢然と立ち上がらせたのだ。

明治三十三年（一九〇〇）。

弥生の母校である済生学舎が、女学生の締め出しを決めたのである。

「学内の風紀が乱れるのは、そもそも女学生なぞ存在することが、その元凶なのだ」

とばかりに、女子の入学をいっさい禁止した。そればかりか、在校中の女学生まで強引に「中途退学」させた。

「これは、医学の道を志す私たち女性への、許されざる暴挙です。私は、断じて許せません！」

弥生の意は、すでに決していた。

「だったら、医学の道を目指す子女たちを、私たちが新たに導いてやればよろしいのです。私は、女性の医学校を建てます」

荒太も、弥生の熱意に打たれて賛成した。

「分かった。応援しよう。と言っても、今のわしにできることは、タカが知れているが」

「そのお言葉だけで十分です。旦那様に見守っていただければ、百万の味方を得た想いです。ぜひとも女医学校を立ち上げて、済生学舎のワカラズ屋の経営者たちに、女の力を思い知らせてやります！」

至誠医院の一室を使って、弥生は小さな私塾を開いた。その名も「東京女医学校」。弥生は、医院の入り口に麗々しく看板を掲げ、

「よしっ」

と、意気込んだ。

この東京女医学校は、わずか四人の生徒でスタートした。だが、弥生の熱心で優れた指導が徐々に評判となり、入学生も増えていった。

明治三十五年。荒太と弥生のあいだに、長男が誕生した。

そして明治三十九年（一九〇六）。

日本は日露戦争に勝利し（実態は、ギリギリの「痛み分け」といったものだったが）、世間全体が好景気にわいてきた。いわゆる「職業婦人」もさまざまな分野に現れ、女医もまた、需要が生まれるようになってきた。

「日本の女医は、これからきっと未曽有の発展を果たすわ」

弥生の目は、ますます輝いた。

さらに、弥生はこの年の十月、「大日本実業婦人会」に入会した。

弥生は、決して「反権力者」ではない。女医の育成に情熱を燃やしたのも、それが我が

国の発展に必要だ、と信じていたからだ。彼女はじつに純粋な「愛国者」だったのだ。この想いもまた、国を守らんとする「女軍の魂」の一つの結実である。

弥生はこののち昭和にかけて、「東京女子教育家懇談会」「東京盲人教育会」「生活改善中央会」「日本国際婦人協会」「大日本婦人修養会」……などなど、幾つもの当時のＮＰＯ団体や政治団体に参画し、あるいはそれらの理事や評議員を引き受け、国家のために積極的な活動をしていく。

そして東京女医学校も、荒太からの励ましと協力に支えられた弥生の努力が実り、着実な発展を遂げる。

明治四十五年（一九一二）。文部省より「専門学校」の認可を取得。学校は「東京女子医学専門学校」として、大きく生まれ変わる。

さらに、大正九年（一九二〇）。文部省より「無試験検定」の資格を送られる。東京女子医学専門学校が独自の判断で卒業を認めれば、その者はストレートで医師免許を取れるようになった——というわけである。それだけ東京女子医学専門学校が、国から高い評価を得られたのだ。

その二年後、荒太は病床で弥生の手を握り、静かに息を引き取った。大正十一年（一九二二）の七月。享年、五十四だった。

荒太を失ったのちも、弥生は、なおも積極的に働き続けた。

「全ては、この国の女医たちのために」

と、奔走した。

時代は激しく動く。「昭和」に入った我が国は、日中戦争から太平洋戦争へと、その道を誤っていく。

しかし弥生には、その誤りが見抜けなかった。彼女はひたすら「国のため」と信じて、国策に加担した。

昭和十五年（一九四〇）。

弥生は「国民精神総動員委員会」の理事に任じられた。そして、じつに素直にこれを受け、その仕事に励んだ。多くの女性や若者を、戦争協力へと駆り立てた。

昭和二十年（一九四五）、敗戦。

戦後、弥生は「戦争協力者」としてアメリカに目を付けられ、「教職追放」ならびに「公職追放」となった。

「仕方ないわね。私は事実、あの戦争に加担してしまったのだから」

自分のもとを巣だっていったかつての若者たちの笑顔を思い返し、弥生は自責の念から、この処分を静かに受け入れた。

昭和三十年（一九五五）。八十四歳の年、弥生はとうとう危篤に陥った。

息も絶え絶えのその時、弥生に意外な知らせが、舞い込んだ。近代日本の医学界、教育界への貢献が認められ、「勲四等宝冠章」を賜ったのだ。

「お母さん。お国が、お母さんの努力を認めてくれたのですよ。勲章を賜ったのですよ。お母さんは、決して間違ってばかりではなかったのですよ」

息子が、病床の弥生の耳元で、優しくつぶやいた。

最期の別れに、せめて良い知らせを伝えてやれた——と、息子は涙を一粒こぼした。

弥生は、嬉しげに一つうなずいた。そして、静かに息を引き取った……と、思いきや、この知らせを聞くやいなや、ガバと跳ね起きた。

「嬉しい！　お国が私に栄誉をくださった。こんな嬉しいことはないわ！」

奇跡である。弥生は、回復したのだ。

「すごい……。なんてすごい人なんだ、この女性《ひと》は」

息子は、ただただ驚嘆した。病の中でなお、その勇ましく凜とした姿は「昭和の女軍」そのものだった。


その四年後。昭和三十四年（一九五九）。

弥生は今度こそ本当に、荒太のもとへと旅だっていった。

「お母さん。何か言い残すことはありますか」

その最期の時、弥生の気丈さをよく分かっていた息子は、弥生の覚悟を察していた。そして、こう問いかけた。自宅のベッドに横になったまま、弥生は、

「一つあるわ」

と、答えた。

弥生は、自分の死後、自分の遺体を解剖するように言い残したのである。

最期の最期まで、我が身を日本の医学界のために少しでも役立ててくれ――と願ったのである。

吉岡弥生。

晩年にあってなお、あの大東亜戦争という悪夢の時代を、誠心誠意の「女軍の魂」で駆け抜けた女性であった。

おわりに　現代日本に甦った女軍の魂

戦後に強くなったもの

昭和二十年（一九四五）、我が国は自国と他国に多大な犠牲を出した末に、敗戦した。こののち、進駐軍としてやってきたアメリカによって、それまでの文化環境、国民の衣食住状況は、さまざまな変化を見せた。

そんな中、「戦後に強くなったのは、女性と靴下」というフレーズが流行語となった。靴下が強くなったというのは、きわめて合理的・科学的な理由だ。戦前の我が国にはほとんどなかった化学繊維「ナイロン」が普及し、我が国の衣類が、自然繊維で作られていた戦前のものより、劇的に強度を増したからである。

ナイロンの普及は国家レベルで推進され、戦後まもなくの復興計画の中にも、そのことが含まれていた。そんな「国民生活に新たに入ってきた化学繊維」のシンボル的なものとして「靴下」すなわちストッキングが挙げられたのである。

一方、その「靴下」同様に「戦前に比べて強くなった」のが女性だ――という戦後まもなくの認識が、おもしろい。

戦前まで、「近代的男尊女卑」の文化に忍従させられていた女性が、各方面で、息を吹き返したかのように活発に動き出した――ということである。

無論、武力放棄をした戦後の我が国において、実際に「女軍」そのものが復活したわけではない。だが、「女軍の魂」を持つ者の継承者である〝戦う女性〟が、さまざまなジャンルの中で、新たな形で現れてきたのだ。現代における「女軍の復興」である。

そのシンボル的存在として一つを挙げるならば、やはり、戦後に大躍進を見せた日本女性アスリートたちの活躍であったろう。

■東洋の魔女（一九六四）

そもそも「戦い」という行為を、ルールに則《のっと》って為す形が、スポーツである。

スポーツをする者は、決められたルールの中で競い合い、勝敗を決める。スポーツ選手

は「戦士」でもあるのだ。
そんな「日本スポーツ界の女軍」たちは、こんにちにいたるまで数多く存在してきた。そうした女軍たちの、まず筆頭に挙げるべきは「東洋の魔女」の異名を持った、一九六〇年代の「日紡貝塚《にちぼうかいづか》女子バレーボール・チーム」ではないか。
同チームは、昭和三十六年（一九六一）のヨーロッパ遠征で、体格的に明らかに大きな海外チームを相手に、破竹の二十四連勝という大記録を樹立し、世界のバレーボール界を震撼《しんかん》させた。
さらに、その三年後の昭和三十九年（一九六四）に開催された東京オリンピックにおいて、同チームの主力メンバーが代表選手の大半を占めた。そして、世界の強豪・ソ連チームとの決勝戦で勝利を収め、見事に金メダルを獲得したのだ。

しかも、金メダルに至るまでの五試合で、落としたセットは、わずか一セット。圧倒的な力を全世界に見せつけた。まさに「現代日本の女軍」たちが、世界の頂点に立ったのである。

当時、彼女らの試合を中継していたアメリカのテレビ局が、この日本女子バレーボールチームを称して「オリエンタル・ウイッチ」と連呼し、かくして「東洋の魔女」の異名は、世界に知れわたった。

その異名は、「現代日本の女軍に世界が与えた称号」とも言えるだろう。

■なでしこジャパン（二〇一一）

また、同じように「現代スポーツ界の女軍」たちとして、記憶に新しく、喝采すべきは、平成二十三年（二〇一一）に「ＦＩＦＡ女子ワールドカップ」で優勝を果たし、女子サッカー世界一の座を射止めた日本代表チーム「なでしこジャパン」であろう。

この大会の決勝戦まで駒を進めた「なでしこジャパン」の相手国は、アメリカ。やはり、体格も運動量も日本人より圧倒的にハイレベルのチームだった。

それでも試合は拮抗し、後半戦が終わって、スコアは一対一。試合は延長戦に入る。そして延長戦後半、ついにアメリカにゴールを破られる。

サッカーの試合において、延長戦でリードされた場合、事実上、ほぼ負けに等しい。しかし「なでしこジャパン」の女軍たちは、あきらめなかった。まさしく女軍ならではの闘争心である。そしてついに、土壇場で一点を返した。

結局、試合は引き分けに終わり、なでしこジャパンは、PK戦に持ち込むことに成功した。さらに、このPK戦でも、勝利への壮絶な執念と、ずば抜けた集中力を発揮。この結果、三対一で、ついに日本女子サッカーが、世界一の座に輝いたのである。

我が国の「平成の女軍」たちが、世界一の女戦士として、世界にその力を示したのだ。

この試合をテレビ観戦していたアメリカのオバマ大統領（当時）は、両チームの奮戦を称え、ツイッターに「なんとタフな試合だ」と書き込んだ。それほどに「なでしこジャパン」の進撃ぶりは、世界に感動を与えた。

このほか、現代スポーツ界での日本女子の活躍ぶりは「昭和後期（戦後昭和）・平成・令和」と、時代が進むにしたがって、枚挙に暇《いとま》がなくなるほどである。

世界レベルで、明らかに体格・体力で劣っている日本人女性が、かくも世界相手に多くの活躍を見せているのは、彼女たちの心に、先人たちから脈々と受け継がれた「女軍の魂」が宿っているからだ――と言うのは、必ずしも言い過ぎではない気がする。

これからの「女軍」たち

現在（二〇二〇年代）、世界各国で「徴兵制」を施行している国家は、かつての米ソの冷戦終結とともに、激減した。それでも、不安定な国際情勢の中で徴兵制を今でも続けている国は、少なくない。

だが、たいていの場合、兵役は男性に限られる。

「国民皆兵」の理念のもと女性にも兵役を課している国は、イスラエル、スウェーデン、ノルウェー……と、ごくごくわずかの例外的な国である。

やはり「戦うのは男の役目」といった〝男尊女卑の裏返しの文明〟が、世界には生き続けているわけである。

我が国の自衛隊、あるいは警察や消防隊といった「戦いが職場」の職種でも、その構成員の大半が男性であり、女性は少ない。

それでも、職業の自由が保障され徴兵制を敷いていない現代の我が国で、こうした職場に身を投じる女性が少なからずいることは、やはり、彼女らに雄々しい「女軍の魂」があるからだろう。

その一方、それでも近代以降の男尊女卑的価値観に縛られたままで、未だに「男に庇護《ひご》されること」を望む日本人女性が少なくないことも、また事実である。

だが、そんな女性たちの中にも、きっと、先祖伝来、脈々と受け継がれてきた「女軍の魂」は、その心の奥底に眠っているはずである。

これからの「令和」の世、多くの我が国の女性たちが「女軍の魂」を思い出し、さらに躍進する時代がきっと来る。

数多くの「巴御前」が、各方面にきっと現れる。

我が国は、元来、そういう文化なのだ。

長尾　剛　ながお・たけし
1962年東京都生まれ。作家。東洋大学大学院文学研究科博士前期課程修了。在学中よりフリーライターとして執筆。著書に『宮本武蔵が語る「五輪書」』『論語より陽明学』『論語一語』『平清盛をあやつった女たち』『広岡浅子 気高き生涯』『大橋鎭子と花森安治 美しき日本人』『近代日本を創った7人の女性』『漱石ゴシップ 完全版』『漱石山脈 現代日本の礎を築いた「師弟愛」』『古関裕而 応援歌の神様』他多数。

朝日新書
812
女武者《おんなむしゃ》の日本史《にほんし》
卑弥呼・巴御前から会津婦女隊まで

2021年4月30日第1刷発行

著　者　長尾　剛

発行者　三宮博信
カバーデザイン　アンスガー・フォルマー　田嶋佳子
印刷所　凸版印刷株式会社
発行所　朝日新聞出版
〒104-8011　東京都中央区築地5-3-2
電話　03-5541-8832（編集）
　　　03-5540-7793（販売）

Published in Japan by Asahi Shimbun Publications Inc.
ISBN 978-4-02-295122-9
定価はカバーに表示してあります。

落丁・乱丁の場合は弊社業務部(電話03-5540-7800)へご連絡ください。
送料弊社負担にてお取り替えいたします。